アイドルになりたい！

中森明夫 Nakamori Akio

JN259730

★——ちくまプリマー新書

275

目次 ＊ Contents

はじめに

アイドルになりたい！

そう思っている、あなた。

アイドルを知りたい。

アイドルを楽しみたい。

そう考えている、きみ。

これは、そんなあなたや、きみたちのための本です。

現在、アイドルは女の子たちがもっともあこがれている職業の一つだ。けれど、これまで初心者が読めるアイドル入門本がほとんどなかった。

本書は初の本格的なアイドル入門本です。

これを読めば、どうやったらアイドルになれるか、がよくわかる。

アイドルとは何か？　その魅力の正体は？　歴史は？　仕事の中身は？　これからアイドルはどうなっていくのか？

そうして、あなたがアイドルになるために必要なものは何か？

アイドルとしてブレークするための方法は？

何を知り、どう考えて、いったいいつ、何をやればいいのか？

そんなことが書いてある。

女子のアイドルを中心に、アイドル志望の女の子のために書きました。

しかし、アイドルが好きな男子が読んでも、きっと面白く、役に立つと思います。

なぜって？

それは、きみたちが好きなアイドルについて、よく知ることができるから。いいかい。自分が好きなものを、より深く、くわしく知ることによって、きみたちはそれを、もっと大好きになれるんだ。

この本を読んだら、きっとあなたはアイドルについての見方、考え方がまったく変わっているはずです。
ぼくはアイドルが好きだ。大好きだ。
愛している。
アイドルという存在や、アイドルというジャンルが、世界に誇るべきものだ――そう
信じています。
アイドルの未来を作るのは、あなただ！
きみたちなんだ！
そんなあなたに向けて、この本を書きました。
それでは、まず、きみにやってもらいたいことがあります。
次の章を読む前に、今、大きな声で叫んでください。
そう――

「アイドルになりたい！」

第1章

アイドルって何だろう?

きみがなりたいものの正体は？

アイドルって何だろう？

そう訊《き》かれたら、きみはどう答えるかな。

若い女の子たちがきらびやかな衣裳《いしょう》を着て、唄《うた》ったり、踊ったりする。それをファンが大きな声援を送って、盛り上げる。

そんな場面を想像するんじゃないだろうか。

すると、アイドルは歌手？

いや、アイドルは歌がヘタだ、とよく言われる。もっと歌のうまい人は、いっぱいいるよね。

ダンスだって、そうだろう。あきらかにプロのダンサーとは違う。

かわいい女の子ってこと？

でも、美人かな。美人が、かならずしもアイドルになれるわけじゃない。アイドルグループで一番人気の子が、美人とは限らない。

わかるよね？

スタイルばつぐんとも言えるか、どうか。ファッションモデルとアイドルでは、全然、体型が違うでしょ？

うーん。

すると、アイドルって何？

歌がうまくない。ダンサーとも違う。美人とは限らない。スタイルばつぐんじゃない。

アイドルって、じゃあ、どこがすぐれているんだろう？

いったい何のプロなのかな？

これは大切なことだよ。

アイドルになりたい――きみは、そう思っている。

じゃあ、アイドルとは何か？　いったい何をする仕事なのか？

それがわかっていなきゃ、ダメだよね。

自分のなりたいものが、本当は何なのか？　わからなかったら、絶対になれるわけなんてない。

なぜオーディションに落ちたか

たとえば、きみがアイドルのオーディションを受けたとする。

きみが落ちて、別の女の子が受かった。

その子は、きみよりかわいくない。歌もうまくない。ダンスもパッとしない。スタイルもよくない。

あきらかに自分のほうが、すべてすぐれている。きみはそう考えている。

でも、きみは落ちて、彼女は受かった。

わけわかんない！　きみはそう思う。

自分の何が劣っていて、何がたりないか、それがわかっていなかったら、じゃあ、どう努力していいか、わからないじゃん。

たとえば、百メートル走とは何か？

百メートルを一番速く走った人が勝つ競技だ。

サッカーとは何か？

十一人のチームで、ボールを蹴《け》って、点を取り合うゲームだ。

みんな、それをわかっている。

わかっていない百メートルランナーやサッカー選手なんていないわけないよね。

でも、アイドルになりたいきみは、アイドルが何かわからない。自分が参加している
スポーツのルールを知らない選手みたいなものだ。当然、それで勝てるわけがない。

百メートルランナーがスタートダッシュに失敗した。反省して、何度もスタートの練習をする。途中でバテて失速した。スタミナをつけるため筋トレをはじめる。

こんなふうにがんばるのが普通だよね。

しかし、きみは、どうして自分がオーディションに落ちたか、わからない。

失敗した理由がわからないから、どう反省して、これから、どうがんばったらいいか、わからないんだ。

それでアイドルになりたい女の子は、結局、ダイエットぐらいしかやることがなくなるんだね。

きみにとって一番大切なこと。

まず、最初にやらなきゃいけないこと。

それは——。

アイドルとは何かを知ることなんだ。

何の仕事なの?

アイドルとは、いったい何をする仕事なのか?

よし、ぼくが教えてあげよう。

たとえば、きみがアイドルのＣＤを買ったとする。なぜ、買ったんだろう?

よーく、考えてごらん。

歌がうまいから買ったんだろうか?

さっきも言ったように、アイドルより歌のうまい人は、いっぱいいるよね。

でも、カラオケマシーンで百点を取るような、どこかの歌のうまいオジサンのCDを、きみは買うかな？

買わないでしょう。

音楽大学の声楽科を卒業して、完璧に正しい歌い方のできるオバサンのCDなら買う？

買わないよね。

なぜ、きみはそのアイドルのCDを買ったのか？

そう。

「好き」だから買ったんでしょう。

そうなんだ。

アイドルとは、「好き」になってもらう仕事なんだ。

「好き」であることにお金を払ってもらう仕事――と言ってもいい。

それをＣＤや写真集やライブの形で表現しているんだね。

どれだけ歌がうまくったって、唄い方が正しくったって、「好き」にならなければ、誰もそのＣＤを買わない。

それがアイドルなんだ。

きみはこの本を読んで、一つ重大なことを知った。

自分があこがれているもの、なりたいものの正体を、たった今、ついにはっきりとつかんだんだから。

アイドルとは「好き」になってもらう仕事。

いいね、このことを絶対に忘れないように。

「好き」のプロ

さて、それでは、どうしてファンはそのアイドルを「好き」になるのか、考えてみよう。

人は、なぜ、その人を「好き」になるのか？

まず、知っているからでしょう。

あたりまえだよね。知らない人を好きになることなんてできない。

じゃあ、アイドルや芸能人を、ぼくらはどうやって知るのかな？

そう、テレビや雑誌やインターネットや、そうしたメディアを通して知るんだよね。

たとえば、ある新人アイドルが、毎日、たくさんのテレビ番組に出たとする。

たちまち多くの人が、そのアイドルを知る。その中から「好き」になる人たちが出てくる。

それが「ファン」だ。

好きになったアイドルのＣＤや写真集やＤＶＤを買う。ライブへ行く。

そういう仕組みだね。

けれど、どうだろう。

テレビに出るから有名になるし、有名な人がテレビに出る。

でも、最初から有名だった人はいない。

どんな有名人、人気アイドルや、大スターだって、最初は無名だったはずだ。

今のきみと同じようにね。

何か、きっかけがあったはず。

つまり、そのアイドルを一番最初に「好き」になった人がいるんだ。

ぼくはアイドルのオーディションや新人コンテストの審査員を、たくさんやったことがある。

「どういう基準で選んでるんですか？」

そんなふうに訊かれたことがあった。

男子大学生たちにね。

彼らは、〈街で見かけた美女〉みたいな雑誌グラビアを見て、「おれ、この娘《こ》がいい！」「いや、おれはこの娘だな」「じゃあ、ボクはこの女の子！」とそれぞれ自分の好きな女子の写真を指さしていた。

「中森先生がオーディションで女の子を選ぶのも、単に自分の好みで選んでるんじゃないですか？」

そうだよ、自分の好みで選んでるんだ、とぼくは答えた。

ただ、きみたちと違うところがある。

ぼくは「好き」のプロなんだ。

ぼくの「好き」には責任があるんだよ。

だって、そうでしょう。

ぼくがオーディションで一人の女の子を選んだとする。その瞬間から、彼女の人生が大きく変わってしまうんだよ。

彼女を選んだ理由

全日本国民的美少女コンテストの審査員をつとめたことがある。第7回のその年は、1万5千人以上もの応募があった。最終審査のステージには20人の女の子たちが並んだ。

審査会の合議でグランプリや各賞の受賞者が決定したんだ。

でもね、ぼくは納得がいかなかった。

とても気になる候補がいたんですよ。

ひときわちっちゃな女の子だった。

歌がうまいわけじゃない。演技も上手じゃない。顔もスタイルもばつぐんってわけじゃない。

でも……なんだか胸騒ぎをおぼえたよ。

道ばたに捨てられた子犬みたいな女の子だった。

放っておけない。このまま見すてたら、絶対に後悔する。ぼくが、なんとかしてあげなければならない。

正直に言おう。

ぼくは、その子を「好き」になっていたんだ。

なんらかの賞を彼女に与えるべきだ、と強く訴えた。ほとんどの審査員からは賛同をえられなかったけどね。

たった一人、まったく同じ意見の人がいた。コンテストを主催する芸能プロダクションの社長さんだった。

「いや〜、だけど表彰状もタスキの用意も、もうないんだよな……」

「社長！　表彰状なんかいいじゃないですか。あの子を選ばなかったら、絶対に後悔しますよ!!」

急遽《きゅうきょ》、審査員特別賞がもう一枠、もうけられることになった。

司会者から名前が呼ばれて、驚いた表情の女の子が立ち上がる。階段を上がって、ステージの中央へと歩み寄る。

そう、あのすてられた子犬みたいな女の子。

はじけるような笑顔だ。

ああ、よかった。ぼくは、この笑顔が見たかったんだよ。

まばゆい光のステージの中心に、ちっちゃな女の子がぽつんと立っている。

11歳の上戸《うえと》彩《あや》だった。

一番最初のライブ

あるいは、こんな話はどうだろう?

昔からの知り合いのプロデューサーから連絡をもらった。

ぜひ、見てもらいたいものがあると言う。

新人アイドルグループのおひろめライブへ招待されたんだ。

客席は業界関係者ばかり。

ステージには20人の女の子たちが並んで、唄い、踊った。

正直、歌もダンスも未熟だったよ。すごい美人やスタイルばつぐんの娘もいない。みんなガッチガチに緊張していてね、表情がこわばっていた。

ただ、女の子たちの必死さや熱気だけが伝わってくる。

ステージを見ているうちに、おっ、この娘はいいなあ、「好き」になれそうだな、というメンバーの顔が目にとまった。

当時は〝アイドル冬の時代〟と呼ばれていてね、女の子アイドルはまったく人気がなかった。テレビでも見かけなかった。

大丈夫かな？　こんな時代にデビューして、彼女たちは生き残っていけるんだろうか？　と、心配になったな。

２００５年12月７日のことだった。

そう、ＡＫＢ48だ。

ぼくが見たのは、ＡＫＢ48の一番最初のライブだったんだよ。

ぼくを招待してくれたのは、秋元康《あきもとやすし》さんだった。

ライブ終了後、「とても楽しめました、がんばってください！」と声をかけ、秋元さんと握手したのをおぼえている。

ぼくが目にとめたのは、当時14歳の前田《まえだ》敦子《あつこ》と同じく14歳の高橋《たかはし》みなみだった。

今でも、目を閉じると、ガッチガチに緊張したまだ幼い顔の前田敦子や高橋みなみを思い浮かべることができる。

つまり、この本は、11歳の上戸彩を一番最初に認めて芸能界にデビューさせ、AKB48の一番最初のライブを観た、ぼくが書いているんだ。

もっともすごいアイドルは？

日本のアイドルの歴史は1971年にはじまったと言われている。当時、ぼくは11歳。その一番最初からアイドルのファンになった。20歳でライターデビューして、アイドルについて数多くの文章を書いてきた。たくさんのアイドルに会って、話を聞いた。オーディションやコンテストの審査員もやった。

もっとも長く、多く、アイドルを見てきた、アイドルの魅力を伝える仕事をしてきた人間だ——という自信がある。

そんなぼくのつかんだ答え。

それが

〈アイドルとは「好き」になってもらう仕事〉

なんだ。

そうして、ぼくの仕事はといえば、

〈誰よりも早くそのアイドルを「好き」になること〉だ。

上戸彩やAKB48を一番早く目撃して「好き」になったようにね。

もちろん、ぼくだけじゃないよ。

芸能界には、ぼくよりはるかに長いキャリアを持つ大先輩たちがいる。

いわば「好き」の達人たちが、いっぱいいね。

その一人を紹介しよう。

サンミュージックという芸能プロダクションがある。創業から半世紀近い老舗《しにせ》事務所だ。

ちょっと名前を挙げてみようか。

桜田淳子《さくらだじゅんこ》や早見優《はやみゆう》、酒井法子《さかいのりこ》、安達祐実《あだちゆみ》など、たくさんのアイドルを世に出してきた。

最近だと、ベッキーが有名だよね。
その創業者が相澤秀禎《あいざわひでよし》さんだ。残念ながら、2013年に83歳で亡くなった。
この人はすごかったよ！
生前、親しくさせてもらった。何度も目からウロコが落ちるような言葉を聞きました。
日本の芸能界史上、もっともすごいアイドルって、誰だと思う？
そうだなあ……。
松田聖子《まつだせいこ》だ。
ぼくは、そう確信している。

松田聖子はなぜブレークしたか？

1980年春にデビューした。アイドルのモードを一気に変えた。
当時の後輩アイドルらは、みんな〝聖子ちゃんカット〟をしていたよ。
いや、日本中の女の子たちが聖子の髪型やファッションを真似《まね》ていた。

デビュー当時の松田聖子の写真を見てごらん。

決して美人じゃない。正直、どこにでもいそうな女の子だ。

スタイルばつぐんじゃない。声に伸びはあったけど、歌がめちゃくちゃうまかったとも言えない。

不思議だね。なぜ、あんなに人気があったんだろう？

その松田聖子の育ての親こそ、そう、相澤秀禎さんなんだ。

聖子は18歳の時、福岡県久留米《くるめ》市から上京した。相澤さんの家に下宿した。毎朝、一緒にランニングしていたというんだ。

相澤さんがぼくに教えてくれた。

「松田聖子はO脚なんですよ。それが理由である大手芸能プロの最終審査で落とされたという。だけど、わたしはダメだと思わなかった。いや、むしろミニスカートでデビューさせた。彼女が欠点をかくしてロングスカートでデビューしていたら、きっと売れなかったでしょうね。断言しますよ。そしたら、今の松田聖子はいなかったはずです」

なるほど！

すごい話だ。

そうか、アイドルって、欠点が魅力なんだな。短所が長所になっている。アバタもエクボ、と言うけど、いや、アバタがエクボ……いやいや、アバタこそエクボ！　なんだ。

つまり、それが個性でしょう。

個性とは「魅力的な欠点」のことなんだ。

美人で、スタイルがよくて、歌もうまくて——といった欠点のない芸能人が、あまり人気が出ないのもよくわかるね。

欠点を魅力に変える

それでは、きみにやってもらいたいことがあります。

ノートを開いて。さあ、そこに自分の欠点を書いてみよう。

◎脚が太い

◎背がちっちゃい
◎声がヘン
◎アガリ性《しょう》
……いろいろあるよね、きっと。
自分が気にしている欠点を、決して包みかくさず、ぜぇーんぶ書くこと！
欠点をかくしたり、ごまかすんじゃない。
そしたら、きみは普通になってしまう。
欠点を魅力に変えるんだ！
◎脚が太かったら――さらけ出して、健康さをアピール。
◎背がちっちゃい――むしろ、かわいいじゃん！
◎ヘンな声――耳に残るよ、その声でわたしを忘れられなくなる。
◎アガリ性――カミングアウトしちゃえば？　アガリ性のわたしを、ファンは応援したい！　と思うはず。

ほら、こんなふうにね。

自分の欠点を包みかくさず、さらけ出す。それを魅力に変える方法を考える。ノートに書いて、しっかりと意識する。

どう？　アイドルっておもしろいでしょう？

普通、学校の勉強だったら、どうかな？

不得意科目を征服しよう！　なんて先生は言うはず。

欠点を克服しよう！　って教えられる。

でも、アイドルは違うんだ。

欠点が魅力なんだ。

欠点のない女の子は、むしろアイドルにはなれないんだよ。

ある人を「好き」になる。それは、欠点に目をつぶることじゃない。欠点をも含めて、丸ごとその人を「好き」になるってことなんだ。

その人の存在を肯定するってことだ。

いいかい？

〈アイドルとは「好き」になってもらう仕事〉

〈アイドルは欠点が魅力〉

この二つを、ぜひ、おぼえておいてください。

絶対に忘れないように！

そしたら、どうなると思う？

きみは、もう昨日までのきみじゃない。

大きく変わるんだ。

あこがれのアイドルへと近づくんだよ‼

第2章

アイドルという仕事

アイドルを仕事にする

アイドルとは何か？　きみはやっとわかった。
もう昨日までのきみじゃない。大きく変わったんだ。
アイドルになりたい！
そう言う時、きみは自分がなりたいものの正体を、今ではよく知っている。
けれど、いや、ちょっと待ってほしい。
アイドルになる
……って、いったい、どういうことだろう？
いいかい？　つまり、それは
アイドルを仕事にする
ということだ。
きみにとって、今、アイドルは夢かもしれない。あこがれかもしれない。
でも、夢やあこがれのままでは、決してアイドルにはなれない。

わかるよね？

夢をつかむということは、つまり、夢を仕事にするということなんだ。

じゃあ、仕事とは何だろう？

職業。労働。ワーク。職人。プロフェッショナル。いろんな言い方があるけれど。

ざっくり言うよ。

それによってお金をもらうということだ。

趣味とは違う。

責任は重いし、さまざまな人たちと関わる。

たとえば、アイドルになるために芸能プロダクションへ入る。そこにはマネージャーがいる。社長や、管理職や、事務の人たちだっているだろう。多くの人たちが、そこで働いている。

アイドル歌手としてデビューしたとする。きみが唄う歌を作る作曲家や、作詞家や、あるいは振りつけ師や、音楽ディレクターや、たくさんの人たちがきみのために働いてくれる。

さらにはテレビ番組に出るにはテレビ局の人たちが、ライブをやるにはライブ会場のスタッフたちが、グラビアに載るにはカメラマンや出版社の人たちが、そう、より多くの人たちの力が必要となるだろう。

アイドルという仕事は、こうしたたくさんの人たちの力によって支えられている。

それらをひっくるめて、いわゆる〝芸能界〟と呼ばれているよね。

きみが「アイドルになる」ということは、「芸能界の一員として働く」ということなんだ。

仕事というのは、働くことによってお金をもらうことだと言ったよね。

それは、働くことによって「社会とつながる」ことだ。

えっ、社会？　何それ？

な〜んて首をひねったかもね。

ものすごく重要なこと

社会とは何か？

つまり、家庭でも、学校でもない場所のことさ。家庭や学校の外側にある、きびしい荒野のようなところを想像してほしい。

人は成長して、やがて社会という荒野へ出てゆく。それまでは家庭や学校に守られて、社会へ出るための練習をしているんだね。

しかし、きみがアイドルとして仕事をはじめると、どうなるか？　いきなり社会という荒野に身をさらされる。そこでは家庭や学校のようにきみを守ってはくれない。

きみが20歳に満たない未成年者であれば、法律はきみを子供として（ある程度）守ってくれる。しかし、それは本質的なことじゃない。

社会に出るということは、自分の身は自分で守らなければならなくなる。

そうして生きていくんだ。

社会で生きていくために、ものすごく重要なことを、教えてあげよう。

いいかい?
えーっとね、つまり
人生は不公平だ
ということだ。
えっ、何それ?　そんなのあたりまえじゃん!　なんて思ったかな。
そうかな。あたりまえですかね?
じゃあ、訊《き》くけど、きみはいったい誰にそれを教えてもらったの?
学校の先生?　政治家?　マスコミ?
いやいや、誰も絶対にそんなこと言わないでしょう。
人間はみんな平等だ。憲法にだって書いてある。不公平なわけない。
大人はきっとそう言うよね。
でも、現実は違うでしょ?　全然、平等じゃない。
金持ちの子供と貧乏人の子供が、どうして平等なんですか?　美人の子と不美人の子は平等ですかね。

違うでしょ、絶対に。

本当は親が子供にそれを教えなきゃいけないいんだろうね。けど、今の親は違うでしょ。我が子が学校で不公平なあつかいを受けたら、すぐにクレームをつける。もちろん、それが間違ってるとは言えない。だけど、そうして育った子供が社会へ出ていって、どうなるかということ。

不公平を生きる

社会は不平等と不公平に満ちている。もちろん、それはいけないことだ。しかし、人はその社会で生きていかなきゃいけない。すると、いわゆるタテマエ的な言葉を信じていた子供――いい子ちゃんのほうが、へこたれる。すぐにやる気をなくしたり落ちこぼれたりする。

人間は不平等だ

そんなことは知ってるよ。けど「知る」と「わかる」は違う。きみはクジラを知ってるでしょ？　でも、生きてるクジラの実物を目の前で見たことがあるかな？　本物のクジラにさわったことって、ある？

そう、「わかる」とは、本物のクジラにさわることなんだ。

たとえば、今、小中学校でバレンタインデーのチョコ渡し禁止のところが多いんだってね。理由は「もらえない子が傷つくから」。そりゃ、傷つくでしょうよ。だけど、社会に出たら、もっともっと傷つくことがいっぱいあるよ。小さい頃から傷つく練習をするべきなんだけどなあ。実際に傷ついておぼえるしか「わかる」ことにはならない。

スポーツにはルールがあるよね。それでも判定がおかしい、ルール改正が不公正だとか言われる。芸能界にはスポーツのようなルールがない。不平等、不公平、不公正が日夜、まかりとおっている。いけないことかもしれないね。でも、これが今の芸能界なんだ。今の現実社会がそうであるように。

ぼくがこれまで会ったたくさんのアイドルや芸能人で、成功するタイプは二種類あると思ったんだ。

一つめは、不平等や不公正についてあまり考えないで、ひたすら信じきってがむしゃらにがんばるタイプ。

二つめは、不平等や不公正の存在をわかりつつ、なんとかその中で乗り越えていこうとするタイプ。

不平等や不公正があるのは、おかしい。私がうまくいかないのは、そのせいだ。こんなんじゃやってられないよ！　と怒るタイプが一番多い。そして、そういう人たちは、芸能界を去ってゆく。芸能界に少し関わって、やめていった人と親しくなると、そんな話がいっぱい聞けるよ。

政治は社会の不平等や不公正を正すべきだろう。でも、ぼくたちは今日もその不平等で不公正な社会で生活しているんだ。一人一人が日夜めちゃめちゃ傷つきながら。

それが「生きる」ということだ。

芸能界というのはね、「より極端に生きる」人たちの場所なんだよ。

それでもいい……という人たちだけが、そこで生き残っていける。

スピードが違う

芸能界と一般社会、アイドルと普通の人は、いったいどこが違うんだろう？

基本的には同じだ。アイドルも普通の人と同様、恋もすれば、悩みもする。うれしければ、笑うし、悲しかったら、泣く。ぼくたちと何も変わらない。

いや、一つだけ違うことがある。

スピードだ。

アイドルとして有名になるのは、スピードの出ている乗り物に乗るようなものなんだ。

たとえば、きみがツイッターをはじめて、フォロワーを増やそうとする。何千人もフォロワーを集めようとすれば、むずかしくて、すごく時間がかかるよね。

でも、アイドルだったらどうだろう？　ツイッターをはじめたとたん、あっという間に何万人ものフォロワーが集まるでしょ？　そう、短時間で願望が叶《かな》う。すぐに自分のほしいものが手に入る。

　スピードの出る乗り物は便利だ。東京から青森まで歩いて行こうとしたら、何日もかかる。自動車で高速道路を走ったら、なんとかその日に着けそう。飛行機に乗ったら、一時間で行けるのでは？

　だけど、ちょっと待って。いいことばかりじゃない。

　スピードの出る乗り物は危険なんだ。事故ったら怖い。歩いて転んでも、たいしたことない。高速道路で自動車事故を起こしたら、大変！　飛行機が墜落したら、きっと全員死亡でしょう。

　アイドルも同じだ。普通の人なら、たいしたことない事故でも、大きな危険をともなう。ツイッターで変なことをつぶやいたりしたら、大変だよ。恋愛が発覚しただけで、大騒ぎになる。

　二世タレントっているでしょ？　芸能人の子供が、自分も芸能人になる。親が有名だと、その子供は生まれた時から有名なんだ。

不公平だよねー。努力しないで最初から有名だし、簡単に芸能界デビューできるんだから。

つまり、二世タレントってのは、生まれつきスピードの出る乗り物に乗っているんだ。

でも、考えてごらん。

そう、事故った時のことを。

有名女優の息子が麻薬使用や不祥事などで逮捕されて、大騒ぎになったことが何度かあったよね。あれが一般人だったら、どう？　新聞にも載らないちっぽけな事件だったかもしれない。同じ事件でも、有名人の子供がやったというだけで、とてつもない大事件になっちゃうんだよ。

スピードが出ているって、そういうことだ。有名人の二世って恩恵《おんけい》と一緒に、常に事故った時の大きなリスクを背負っているのさ。

アイドルとしてデビューして、有名になって、ちょっとしたきっかけで精神的に危うくなっちゃう女の子が、けっこういる。それは自分の乗り物がスピードの出ていることに気づいていない。あるいは、そのスピードに慣れていないからじゃないかな？

デビューして、ブレークして、人気者になると、よりスピードが加速する。飛行機と同じだ。夢に向かってひとっ飛び。だけど危うい。ものすごくスピードの出る乗り物は、時には〝死〟の危険さえともなっているんだから。


嫌いな人は悪い人？


アイドルになりたい！　とあこがれているきみに、ぜひ、知っておいてほしいことを、ぼくは伝えている。きっと、誰もこんなことは教えてくれないだろう。

でも、アイドルを仕事にしたい！　ときみが本気で思っているなら、必ず役に立つ日が来るはずさ。

いいかい、もう一つ、言うよ。

よーく、聞いてね。

この世には完全にいい人も、完全に悪い人も、いない

ということだ。
また、何それ？　あたりまえじゃん！　って声が聞こえてきそうだね。
そっかな〜。きみはそのことを、そう、本当にわかっているかな？
よし、じゃあ、ためしてみよう。
まず、そうだな、きみの一番嫌いな人の顔を思い浮かべてみてください。
どう、イヤな気持ちになった？
あ〜、こいつ、嫌い、嫌い、大嫌い！　こんな奴、いなくなっちゃえばいいのにって。
で、そいつは、いい人？　悪い人？
悪い人に決まってる！　そう思うでしょ。
あのね、人間って弱いものなんだ。
誰も自分が悪い人だとは思いたくない。そういう考え方に耐えられない。
それで、自分が嫌いな相手を、悪い人だと思いこもうとする。
だけど、相手の立場に立てば、どうだろう？

その人も、自分が悪いとは思っていない。

実際、どれだけ評判の悪い人、みんなの嫌われ者でも、たいてい、どっかいいところはある。

愛する家族がいたりする。家族にとって、その人はとても大切な存在だったりもする。

けど、その人を嫌っているきみは、絶対にそういういいところは見ようとしない。

これが問題なんだな。

えっ、どういうことかって？

アイドルとは究極の客商売

あのね、客商売やってる家の子なら、わかると思うよ。

ぼくんちは酒屋だったんだ。いろんな人がお酒を買いにくる。でね、お店ってのは、お客さんを選べないんですよ。

この人は嫌いだから、うちの店に来るなって言えない。あんたには売ってやんないよ！　なんてダメでしょ。そんな店は、すぐにつぶれちゃう。

芸能人ってのは、すべての人たちに対して身をさらしている客商売なんだ。嫌いな人は相手にしないってわけにはいかない。

人間だから当然、好き嫌いはあるよね。でも、それを善悪の価値にすり替えちゃいけない。

たとえば、きみが芸能プロダクションに入ったとする。新人のきみにマネージャーがついた。とても嫌な人だ。その人と仕事をするのが嫌だ。話したくない。顔を合わすのもつらい。たまんない。

けど、新人のきみは、マネージャーを代えろなんて言えない。事務所が聞いてくれるはずもない。

きみは、大嫌いなマネージャーといつも一緒にいて、ただ、じっと耐えるしかないんだ。

そういうことで気持ちがめいって、事務所や芸能界をやめていく子は、実は、いっぱいいる。

どんな職場でも、人間関係の悩みがもっとも深刻だって言われてるよね。嫌な上司の下で毎日、働いてる会社員なんて、そりゃたまらんでしょう。

ましてや人生経験にとぼしい年若い新人アイドルが、常に仕事の現場で嫌いなマネージャーと一緒だと、たちまち参っちゃうよ。

だけどね、断言しておこう。

そこでやめちゃうような人は、もともと芸能人には向いていないんだよ。

いいかい。芸能人ってのは、マネージャーどころか、もっと嫌な大勢の人たちに、常に身をさらさなきゃいけない仕事なんだ。

本物の笑顔

アイドルの握手会ってあるよね。あれって、すごい。どんな嫌な人が相手でも、必ず握手をするんだ。ニコニコ笑いながら。握手する相手が、実は人殺しかもしれない。でも、アイドルは握手をこばめないんだよ。すごいなあ。

アイドルにとってとても大事なことがある。

これは絶対におぼえておいてほしい。

そう。

笑顔、だ。

アイドルはファンに対して、本物の笑顔を見せなければならない。敏感なファンは、それが作り笑いか、本物の笑顔か、すぐに見抜いてしまう。

自分を応援してくれるファンなら、誰に対しても、常に本物の笑顔を見せることができる——それが人気アイドルになる秘訣《ひけつ》なんだ。

アイドルのファンには、孤独な男性がたくさんいる。恋人がいない。友達がいない。今まで恋愛経験がまったくない。

そりゃ、さみしいよね。

そうして、こう考える。

この世にたった一人でいい。自分のために、自分の目の前で、本物の笑顔を見せてくれる女の子がいたら……。

その女の子のためなら、何だってできる。

それがアイドルとファンとの関係なんだ。

きみは本物の笑顔を見せなければならない。

アイドルになるために。

それが、きみの……仕事なんだ。

嫌いな人に笑顔を見せる方法

アイドルだって人間だ。感情がある。好き嫌いだって、当然、ある。

嫌いな人の前では、笑えないよね。

すべての人を好きになれなんて言わない。

でもね、こう考えたらどうだろう。

どんなに嫌いな人にもいい部分はある。そのいい部分とつきあうようにすること。それが大事なんだって。

この世には完全な善人も、完全な悪人も、いない。

どんな悪い人、嫌な人にも、絶対にいい部分はある。そのいい部分に対してなら、きみは笑えるんじゃないかな？　本物の笑顔を見せることができる。

できるよね、きっと。

さあ、もう一度、きみの一番嫌いな人の顔を思い浮かべてみてください。

どう、やっぱりイヤな気持ちになった？

あ〜、こいつ、嫌い、嫌い、大嫌い！　って。

でもね、その人は、完全に悪い人じゃない。いい部分だってある。きみと同じようにね。

その人の家族を思い浮かべてみよう。子供や、父親や、母親を。家族に大切にされている、愛されている、その人の姿を想像してみよう。
その姿に対してなら、きみは笑えるよね。
さあ、笑って。
本物の笑顔を見せてごらん。
その人のために。
できるよね、きっと。
なぜって？
それが、きみの仕事だから。
そう、きみはもうアイドルなんだから！

第3章

アイドルの歴史

アイドルのはじまり

これから日本のアイドルの歴史について話そうと思う。

けど、限られたページだし、ごくざっくりと語るつもりだ。アイドルについてくわしい歴史を知りたかったら、そういう本があるから、探してごらん。

あのね、学校の歴史の授業なんかじゃない。年表を暗記しろなんて言いません。

そう、アイドルになりたいきみにとって、役に立つ歴史なんだ。アイドルがこの国でどういうふうにできて、どんな道筋を歩んできたかを知ること——それは、これからアイドルになるきみにとって絶対に役に立つ！　そうぼくは信じている。

アイドル（ｉｄｏｌ）というのは、もともとは外国の言葉だ。ずっと昔からある。その言葉の意味をたどっても、きりがない。

大事なのは、今、ぼくらが「アイドル」という言葉でイメージするもの、それがいつはじまったかということだ。

１９７１年だと言われている。

南沙織《みなみさおり》が〝国産アイドル第1号〟と呼ばれている。沖縄出身の女の子だった。71年6月1日、『17才』という曲でデビュー（その時、実は彼女は16歳だった⁉　アイドルは最初から虚構＝フィクションをはらんでいた……なあんてオチがある）。

同じ年に『スター誕生！』というオーディション番組がはじまった。ここから次々と70年代のアイドルが生まれたんだ。

同番組出身の森昌子《もりまさこ》・桜田淳子《さくらだじゅんこ》・山口百恵《やまぐちももえ》は〝花の中3トリオ〟と呼ばれて大人気だったよ。

まず、アイドルはソロ歌手だった。10代の女の子たちだった。テレビで有名になって、テレビがメインステージだった。このことをおぼえておいてほしい。

現在のグループアイドルの元祖は、キャンディーズとピンク・レディーだ。

ラン、スー、ミキの三人組、キャンディーズは73年にデビュー。『年下の男の子』をヒットさせた。人気絶頂時の77年、突如、コンサートで「普通の女の子に戻りたい！」と宣言。翌78年春に解散した。

ミーとケイの二人組、ピンク・レディーは『スター誕生！』出身で、76年にデビュー。奇抜な衣裳《いしょう》とフリで『ウォンテッド』『ＵＦＯ』等が大ヒット。キャンディーズは大学生の男子がファンの中心層だったが、ピンク・レディーは子供たちに人気が爆発した。70年代後半の小学生でピンク・レディーの曲を唄《うた》い踊ったことのない女の子はいない、とも言われている。日本レコード大賞を受賞した（昭和の女子アイドルグループでは唯一の快挙だ）。

ＹｏｕＴｕｂｅなどインターネットの動画サイトでキャンディーズやピンク・レディーの映像を見てごらんよ。

今のアイドルとくらべても、まったく違和感がないでしょ？『年下の男の子』や『ＵＦＯ』を、ＡＫＢ48やももいろクローバーＺが唄い踊っても、ちっともおかしくはない。

つまり71年に誕生したアイドルというカルチャーは、70年代後半の時点で、すでに完成されていたんだね。

テレビで完成された

もうちょっと歴史を大きく見てみよう。

アイドル以前にも歌手はいたし、芸能界は存在した。

最初の歌手は、屋外でみんな生で唄っていたんだろう。

レコードの発明が歴史の転換点だ。その後、レコードを売ることが歌手のもっとも大きなビジネスとなった。

ラジオが普及して、ラジオ番組で歌が流れるが、それはあくまで歌手にとってのプロモーション、つまりレコードを売るための宣伝だった。

さらにテレビが普及する。ラジオと違ってテレビには映像がある。歌がうまいだけではダメだ。ルックスが重要。メイクやコスチュームや振りつけが急速に発達する。

60年代の歌謡曲の歌手と、70年代以後のアイドル歌手をくらべてみよう。アイドルは圧倒的に幼く、ルックスも歌もパフォーマンスも未熟に見える。

旧世代の歌手が、アイドルは歌がヘタだとバカにする風潮があったりもした。

とはいえ、アイドルにはアイドル独自の魅力がある。

フレッシュさだ。

若さのパワーだ。

かわいさ。可憐《かれん》さ。あるいは、未熟なものが成長しようとする、がんばりだ。

旧世代の完成されたプロの歌手にはない魅力だろう。

テレビという新しいメディアは、そんなアイドルの魅力を伝えるのにぴったりの装置だった（テレビが発明されずに、歌声だけのラジオの時代が続いていたら、きっとアイドルは現在の形で発展してはいなかったろう）。

唄って、踊って、きらびやかなコスチュームと、派手な振りつけと……アイドルはテレビ画面に実によく映《は》えた。

どんな新人でも、年若いアイドルでも、歌だったら、たった一人で3分間はテレビ画面を独占できる。これって、すごい！

アイドルがテレビに出演しても、ギャランティー（もらえるお金）はそんなに高くなかったろう。あくまでプロモーション（宣伝）だ。レコードを売るためのね。70年代当時、現在のようなミュージックビデオやDVDはなかった。録画装置も一般家庭には普及していない。テレビで放送されたら、それっきり。消えてしまう。視聴者の記憶に残るだけだ。

けれど、テレビで唄って踊ることこそが、アイドルの魅力を伝えるパフォーマンスを完成させたんだ。

メディアを通して「好き」になる

アイドルとは「好き」になってもらう仕事だ——と、ぼくは言ったよね。ちゃんとおぼえてるかな？

すると、普通の恋愛とどう違うんだろう？　男の子がクラスメートの女の子を「好き」になるのと、何が違うのか？

あのね、ファンがアイドルを「好き」になるのは、メディアを通してなんだ。

メディアってのは、テレビや、CDや、写真集や、DVDや、インターネットやなんかのことだよ。

すると、会いに行けるアイドル——ライブや握手会などで直接、触《ふ》れあえるアイドルは、どうだろう?

いや、ライブや握手会だって、メディアなんだよ。直接、生身のアイドルに触れたって、それは普通の男の子と女の子がデートで手を握ることとは全然違う。

わかるよね?

アイドルとは、メ、デ、ィ、ア、を通して「好き」になってもらう仕事だ。

メディアってのは、時代の流れによって変化するよね。ラジオや映画からテレビ、インターネットへというように。それにともなって、アイドルの形も変化するってわけ。

アイドルの歴史ってのは、メディアの変化の歴史でもあるんだ。

70年代初頭、アイドルはテレビで誕生した。長らくテレビの時代が続いた。

アイドルとは「テレビに出ている魅力的な女の子」だと、ずっと思われていたんだ。

松田聖子の登場

さて、70年代は終わる。

キャンディーズやピンク・レディーは解散する。

70年代最大のアイドルと言われた山口百恵は、21歳で結婚して、芸能界を引退した。

当時の新人歌手を見ると、ニューミュージックの歌姫が目立つ。

明らかにアイドルのブームにかげりがさしたんだ。

その時だった。

一人の女の子が、忽然《こつぜん》と現れて、新たなシーンを切り開いた。

松田聖子《まつだせいこ》だった。

1980年4月1日、『裸足《はだし》の季節』でデビュー。

80年代アイドルブームの開幕だ！

「アイドルは南からやって来る」と言われる。沖縄出身の少女・南沙織が日本のアイドル第1号だった。70年代末、アイドルシーンが衰退《すいたい》して、今度は九州・福岡からやって来た女の子・松田聖子が状況を切り開いた。

90年代半ばには沖縄少女・安室奈美恵《あむろなみえ》がブレークする。

おもしろいねえ。

松田聖子の登場が、どれほど大きなことだったか！

2年後、中森明菜《なかもりあきな》・小泉今日子《こいずみきょうこ》・堀《ほり》ちえみ・早見優《はやみゆう》・石川秀美《いしかわひでみ》・松本伊代《まつもといよ》といった新人アイドルが続々デビューした。〝花の82年組〟とも呼ばれている。

当時の彼女たちの写真を見てごらんよ。み〜んな、聖子ちゃんカットをしてるんだ!!

松田聖子はアイドルのモードを変えた。

いや、アイドルだけじゃない。街の女の子たちも、みんな聖子の髪型を真似《まね》ていた。

山口百恵は結婚して、引退した。専業主婦になった。その後、一度も芸能界に復帰していない。

松田聖子は結婚して、子供を産んでも、引退しない。ずっとアイドルだった。〝ママドル〟なんて呼ばれたよ。

女性週刊誌やワイドショー、マスコミに猛バッシングされた。けど、80年代の女性たちに大きな影響を与えたんだ。

ピンク・レディーの子供たち

もう一つ大事なことがある。

80年代のアイドルブームを支えた、先の〝花の82年組〟のアイドルたち。彼女らは、みんな子供時代にピンク・レディーの歌を唄い踊っていたんだ。そう、ピンク・レディーズ・チルドレンだね。

アイドルの歴史が受け継がれるというのは、こういうことなのさ。

80年代半ばになると、アイドルブームはピークを迎える。

85年、小泉今日子は『なんてったってアイドル』をヒットさせる。これはアイドルがアイドルであることのすばらしさを唄った、画期的な曲だった。

同じ85年、おニャン子クラブがデビューする。フジテレビの夕方の番組『夕やけニャンニャン』に出演、公開オーディションでメンバーが増え、会員番号がつけられた。『セーラー服を脱がさないで』が大ヒット！

仕掛人は作詞家の秋元康《あきもとやすし》だ。先の『なんてったってアイドル』も秋元の作詞だった。もちろん、現在のアイドルブームの中心＝ＡＫＢ48グループの総合プロデューサーだね。

おニャン子クラブは、80年代アイドルブームの一つのピークだった。

86年のオリコン・シングルチャートで、年間52週のうち、なんと36週（30曲）がおニャン子関連の曲で1位を独占！　前代未聞だ。

おニャン子クラブは、女子高生の放課後のクラブ活動のノリで大ブレークした。いわば素人《しろうと》集団だ。

誰もがアイドルになれる時代がやって来た！

あるアイドルの死

ここで一人のアイドルについて話さなければならない。

岡田有希子《おかだゆきこ》だ。

きっと、きみは知らないだろう。

あのね、彼女はもうこの世にはいないんだよ。

1986年4月8日、正午過ぎ、7階建てビルの屋上から飛び下りて、亡くなった。18歳だった。

彼女が飛び下りたのは所属事務所のあるビルで、亡くなった場所に大勢のファンがつめかけた。花を手向《たむ》け、円陣を組んでひれ伏して、みんな号泣していたよ。

衝撃的な事件だった。

岡田有希子は当時デビュー3年目だ。その年にリリースした曲がオリコンで初めて1位になった（松田聖子作詞、坂本龍一《さかもとりゅういち》作曲『くちびるNetwork』）。トップアイドルの仲間入りを果たしていたんだ。

それだけに影響は大きかったよ。彼女の死後、若い子たちの自殺があいついだ。そう、後追い自殺ってやつ。当時の新聞を見ると、毎日のように自ら命を絶ったたくさんの子供たちの記事が載っていて、ちょっとびっくりする。

岡田有希子の自殺の原因は？

わからない。

遺書はなかった。恋愛問題とか、精神が不安定だったとか、その後、さまざまな憶測《おくそく》が芸能マスコミによってなされたものだ。

当時、ぼくは26歳だった。

すでにライターとして活動していてね、アイドルを取材したり、アイドルについての文章を書いたりしていた。

前年、新人類ブームってのがあってね、ぼくは〝新人類の旗手〟と呼ばれて、ちょっとした脚光を浴びたんだ。よくテレビ番組にも出ていたよ。

岡田有希子との出会い

1985年秋のこと――。

あるテレビ局で顔見知りの芸能プロのマネージャーさんに呼び止められた。となりに立つ女の子が、ぺこりと頭を下げる。色が白く、目鼻立ちのくっきりとした美少女だ。岡田有希子だった。

もちろん知っていたよ。昇り調子の人気アイドルだからね。

言葉をかわした後、「がんばってください」と声をかけると、「ハイ、ありがとうございます！」と笑った。

あのはにかんだような笑顔が忘れられない。

それから彼女は半年も生きなかったんだから……。

そんな思い出があるので、岡田有希子の自殺は、ぼくにとっても大きなショックだった。

事件についてのコメント依頼が殺到したけど、まったくこたえられなかった。当時、ぼく自身、危うい精神状態にあってね。仕事が忙しすぎて、半ばノイローゼのようだったんだ。

いわゆる〝うつ〟状態ってやつ。

危機を脱したのは、2年後のこと。岡田有希子の自死を冒頭に配した『オシャレ泥棒』という小説を書いたんだ。

翌年（1989年）、TBSでドラマ化された。ビルの屋上から飛び降りる少女を、当時、16歳の女の子が演じてくれてね。宮沢《みやざわ》りえだった。

彼女があこがれたもの

岡田有希子の死から10年後、1996年春に新宿の公会堂で彼女の回顧展が開かれた。熱心なファンの方々が主催されたもので、ぼくも見に行ったよ。

亡きアイドルのゆかりの品々が展示されていた。

中学時代の彼女の通知表を見て、驚いたね。

ほぼオール5！

これほどの優等生アイドルもめずらしいよ。

岡田有希子は愛知県で生まれた。厳格な家庭に育った。両親に芸能界入りを強く反対されていたんだ。

中学の時、オーディション番組『スター誕生！』の地区予選に合格してね、決戦大会に出るため、母親から三つのきびしい条件を言いわたされた。
①学内テストで学年1位になること。
②中部統一テストで学年5位以内に入ること。
③地元でトップの高校へ受験合格すること。
なんと、そのすべてを彼女はクリアしたんだ。

ものすごくマジメで、強い意志を持ち、精いっぱい努力した。

なぜって？

アイドルになりたい！

ひたすらそう思っていた。強烈にあこがれていたんだ。

今のきみと同じように。

やがて彼女は上京して、トップアイドルとして輝いた。

だけど……。

夢をつかんだはずなのに、なんとその頂点で、自ら死を選ぶことになる。たった18歳の若さで。

ぼくは祈り続ける

あれから30年あまりが過ぎた。

今年もまた4月8日のお昼に、四谷4丁目の交差点は人々であふれていただろう。

そう、岡田有希子が亡くなった場所だ。

あれから30年以上もたつのに、今でも命日には多くのファンが集まって、花を手向け、追悼しているんだ。

ぼくもこの日には、必ずそこへ行って、手を合わせている。毎年、もう20年以上になるだろう。

たった一度だけ会って、言葉をかわしたアイドル。「ありがとうございます！」とぼくに言った時のあのはにかんだような笑顔が、今でも忘れられない。

彼女の自死を賛美するわけにはいかないよね。それは悲しいことだ。アイドルの世界で二度とあってほしくない。

けれど彼女の生は肯定したい。

岡田有希子という少女がこの世に生きて、アイドルとして輝いたことを、ぼくは決して忘れない。

どうか、きみにも知っておいてほしい。

4月8日、午後0時15分――。

彼女が亡くなった場所を取り囲み、円陣を組んで多くのファンが一分間の黙禱《もくとう》をする。

その中に交じって、ぼくも手を合わせている。

岡田有希子さんの魂が安らかであることを。

彼女が夢見て、輝いたアイドルの世界が、よりよいものであるように。

毎年、ぼくは祈り続けている。

アイドル冬の時代

80年代が終わると、アイドルブームは影をひそめる。低迷状態が長く続いた。

いわゆる〝アイドル冬の時代〟だ。

『ザ・ベストテン』や『夜のヒットスタジオ』やといった、アイドルが出るような歌番組が次々と終わる。アイドルはテレビで見かけなくなった。

Jポップの全盛時代だね。

『HEY!HEY!HEY!』や『うたばん』やといった、Jポップのアーティストがお笑いで人気の司会者とからむトーク系の歌番組へと変わっていった。

かつてアイドルは歌手としてデビューして、ドラマや映画にも出れば、ＣＭやバラエティー番組、雑誌グラビアでも活躍した。

70年代のアイドル、山口百恵なんて、たった一人でどのジャンルでも一流の仕事をしたものだ。

90年代に入って、歌のアイドルの人気が失速すると、アイドルという仕事が分業化していった。

ＣＭでデビューする美少女や、少女ファッション誌のモデルや、バラエティー番組で活躍するバラドルや、グラビアアイドルや……。

ドラマや映画に出る女優だけれど、アイドル的な人気の美少女もいたね（上戸《うえと》彩《あや》を筆頭に、宮崎《みやざき》あおいや蒼井《あおい》優《ゆう》、長澤《ながさわ》まさみ、沢尻《さわじり》エリカ、綾瀬《あやせ》はるか、上野《うえの》樹里《じゅり》、石原《いしはら》さとみ、井上真《いのうえま》央《お》、堀北真《ほりきたま》希《き》、新垣結《あらがきゆ》衣《い》ｅｔｃ。ゼロ年代はアイドル女優の全盛だった）。

アイドルが分業化した結果、かつてのアイドル歌手――誰もが認める正統派アイドルの姿は消えてゆく。

SPEEDや広末涼子《ひろすえりょうこ》、モーニング娘。など、一時、アイドル的に輝く存在は現れたが、長く続くアイドルブームにはならなかった。

アイドルとは、メディアを通して「好き」になってもらう仕事だ――と言ったよね。

テレビがメディアの中心だった時代には、アイドルとは「テレビに出ている魅力的な女の子」だったと。

で、テレビに出なくなった時点で、実は消滅の危機にあったとも言える。

ライブ＋インターネット

その頃、アイドルはいったい、どこで何をしていたんだろう？

そう、ライブ活動をしていたんだ。

05年末に発足したAKB48は、秋葉原《あきはばら》に専用劇場を持ち、毎日、ライブをやった。

Perfumeや、ももいろクローバーだって、当初は路上や小さな会場でのライブ活動から出発したんだ。

今ではビッグアイドルとなって、何万人も集客する彼女たちも、最初のライブでは7人しかお客さんがいなかった——というのは、有名な話だね。

テレビによく出るようになるのは、デビューからずっと後のこと。

ここに、もう一つ大きな時代の変化がある。新しいメディアが登場した。

そう、インターネットだ。

ことにスマホが普及して、携帯電話でいつでもどこでもネットにアクセスできるようになったのが大きい。

テレビに出なくても、ネットでアイドルの活動が告知できる。ライブ映像やミュージックビデオがＹｏｕＴｕｂｅで配信される。ツイッターやフェイスブック、ＬＩＮＥなどのソーシャルネットで、ファン同士がアイドルの情報を大量に交換できる。

現在のアイドルブームを支えているのは、ライブ＋インターネット、だ！

実際、今、若者たちはテレビを観るより、スマホのモニターを見ている時間のほうがずっと長い。

かつての〝アイドル冬の時代〟――90年代からゼロ年代にかけてミリオンセラーを連発していたJポップは、急激に衰退した。CDがまったく売れなくなったんだ。

現在、CDの売り上げを支えているのは、握手会やイベントの参加券が封入されているAKB48グループらのアイドルが主流になった。

『HEY!HEY!HEY!』や『うたばん』やといった、Jポップがメインの歌番組も終了している。

アイドルは復活した

メディア環境がガラリと変わったんだよ。

そう、テレビがメディアの中心である時代は終わった。

もちろんテレビはいまだに大きな影響力を持っている。けれど、レコードを売るためにテレビで活動することがメインだ――という長らく続いた芸能界（アイドルもJポップも含まれる）の時代は完全に終わった。

大変なことだよ、これは！

そういう時代にアイドルは復活した。冬の時代を越えて、劇的に。しかも、四十数年の我が国アイドルの歴史で、２０１０年代の現在――そう、この今こそ、もっとも盛り上がっているんだ。

現在のアイドルブームの特徴は？

アイドルの人数が爆発的に多いってこと。

いったい何人いるんだろ？　ＡＫＢ48グループだけでも何百人もいる。メジャーなアイドルだけじゃなく、インディーズで活動している地下アイドルがたくさんいる。日本全国の各地には、ゆるキャラとご当地アイドルが今や数限りなくひしめいている。

一説には5千人から1万人はいるんじゃないかとも言われるが、正確な数ははかり知れない。

そんな無数のアイドルたちが、今日、たった今、日本全国でライブをやったり、ネット中継をやったり、握手会やサイン会をやったり……さまざまな活動をくり広げているんだ。

もはや誰もその全体像をつかめない。いや〜、すごい！　こんな状態は前代未聞、アイドル史上、はじまって以来だよ。

アイドルの歴史とは、メディアの変化の歴史だ——と言ったよね。現在のメディア環境が、この爆発的なアイドルブームを生んだと言っていい。

そして未来へ

今や誰でもアイドルになれる。

しかし、それはかつてのおニャン子クラブとは、まったく意味が違う。テレビ局の力を借りなくてもいいんだ。

たとえば、きみがアイドルになろうとする。路上で唄って、踊って、スマホで動画を撮って、それをＹｏｕＴｕｂｅやニコニコ動画で配信すればいい。世界中の人が、きみのライブ活動を見ることができる。

ツイッターやブログで、きみのアイドル活動を告知すればいい。一人で自分のファンクラブができる。

スマホで自撮りして、ネットにアップすれば、グラビアアイドルにだってなれる。

きみは今すぐアイドルになれるんだよ！

いや〜、すごい時代だね。

これはアイドルというカルチャーに四十数年の歴史があって、メディアの変化の歴史があったからこそ成り立つ条件なんだ。

きみにそのことを知ってほしかった。よく理解してほしかった。

そのために、こうしてぼくはアイドルの歴史を語り伝えたんだ。

きみが、アイドルになりたい！　とあこがれることができるのは、アイドルの歴史があったからだ。アイドルという文化を支えた、たくさんの人たちが過去にいたからだ。

不幸な歴史もあった。命を失う者さえいた。

そうして、きみは、ぼくたちは――今、アイドルにあこがれ、アイドルという文化を楽しむことができる。

きみが、たった今、この地上に生きることができるのは、過去にたくさんの人たちが生きた歴史があったから――というのと同じように。

もちろん、アイドルの歴史はこれで終わりじゃない。これからもずっと続いていくんだ。

永遠にね。

未来のアイドルは、どうなるだろう？

誰がアイドルの未来を切り開くのか？

もう、わかってるよね。

そう……きみさ！

第4章

アイドルになる方法

芸能界への入口

さて、いよいよアイドルになる方法だ。

前の章で言ったように、今や誰でもアイドルになれる。問題は、どんなアイドルになるか？　アイドルになって何をやるか、何をつかむか、最終的にどうなりたいか？　だろう。

単に〝自称・アイドル〟で、ファンが一人もいない――な～んてイヤだよね！

まずは基本的なことから言っておこう。

アイドルになるには芸能界へ入ること。そのためには芸能事務所に入る――二つの方法がある。

①オーディションを受けること。

②スカウトされること。

②は問題外だろう。なぜって？　この本を読んでいるきみは、積極的にアイドルになりたい！　そう思ってるんでしょ？　スカウトされるってのは「待ち」の姿勢じゃん。

かつて芸能事務所のスカウトマンに声かけられたくて、派手なかっこしてわざと渋谷や原宿の駅前とかをウロウロする女子がいる――な～んて話を聞いたことがあるよ。バカみたいだ。やめたほうがいい。

スカウトマンが全部インチキってわけじゃない。けど、だれかれかまわず声をかけてるとしたら、おかしいよね。ことに上京したての春先などは、気をつけてください。

で、①だね。

ビッグオーディションってのがある。

全日本国民的美少女コンテスト。

ホリプロタレントスカウトキャラバン。

東宝「シンデレラ」オーディション。

以上が三大ビッグオーディションと呼ばれている。オスカー、ホリプロ、東宝芸能という大手芸能プロダクションが主催して、大々的に開かれる。歴代の受賞者から人気アイドルや有名女優がたくさん生まれた。何万人もの応募がある。狭《せま》き門だ。

ビッグオーディションとは言わないまでも、ミスコンテストや、イメージガール、少女ファッション誌の読者モデルなどの募集ってのもあるよね。

ま、読者モデルに受かったとしても、そこから芸能事務所に入れるか？　というプロセスが待ってるんだけどさ。

そこで芸能事務所のオーディションだ。

ミスコンやビッグオーディションみたいにイベント形式じゃない。書類審査に受かったら、事務所に呼ばれて、面接があり、カメラテストがあったりする。合格すれば、事務所に所属することになる（その前段階の〝研修生〟や〝預《あず》かり〟というケースもある）。

これらはオーディション情報誌に告知されたり、インターネットでも募集情報がアップされたりするよね。

いい芸能事務所とは？

アイドルになりたかったり、芸能界志望の女の子によくされる質問がある。

「どういう芸能事務所がいいですか？」

これは困った質問だ。いちがいには答えられない。ケース・バイ・ケースだからさ。たとえばあこがれの芸能人がたくさん所属する、有名な大手プロダクションなんて、そりゃ大人気だ。すぐにでも入りたいと思うでしょ？

いや、ちょっと待ってください。

何百人も所属するモデルプロってのがある。入れることは入れたとしても、仕事はない。給料はない。専属の担当マネージャーもいない。自分で仕事のオーディションを探して（事務所に告知されたりする）、交通費も自費で払って、仮に受かったとしても、一人で仕事の現場へ行く。支払われたギャラから事務所に天引きされて、自分の取り分は少ない。

こういう現実に直面して、愕然《がくぜん》とする。思い描いていた夢とあまりに違いすぎっ！けっこう有名な芸能事務所に入ったんだけどなあ……って。

大手プロや芸能事務所の多くは、東京にある。テレビ局や出版社だってそうだ。きみが東京近郊の実家暮らしならいいよ。けど、地方出身で、芸能界に入るため上京したとする。

芸能事務所に所属したけど、ろくな給料は出ない。生活費はどーするの？　東京は家賃も物価も高いよ。それでバイトすることになる。

上京して、アイドルや芸能人になってスポットライトを浴びるはずが、毎日、地味で給料も安いバイトでくたくたになる。そういう女の子に声かける水商売や風俗営業のスカウトマンが、東京の街頭にはけっこういる。

水商売がいけないってわけじゃない。キャバクラやＡＶ、風俗営業だって、成人女性が自分の意志でやるんだったら、自由だ。

けれど、アイドルや芸能人になるために上京したのに、いつのまにか望まない仕事をしている。こんなはずじゃなかったのに。不幸だ——そういう女の子がいっぱいいる。

何がいけなかったんだろう?

情報がたりなかったんだ。自分の夢を実現するための情報が。そうして、よく考えなかった。きみが本気で夢を実現したかったら、徹底的に考え抜かなければならない。なかには生まれつき容姿がきれいで、才能もあって、運もよくて、ふわふわっとしてるうちに人気アイドルとしてブレークしている——そういう娘《こ》もいるかもしれない。けど、そんなのは、ごく……ごくひとにぎりだ。

きっと、きみはそうじゃないだろう。

だから、この本を読んでいるんだ。そうだよね?

ぼくは、そんなきみの味方だ。きみのためにこうして話をしている。情報を提供している。徹底して考え抜きなさい! そう、きみをはげます。

さっきのような話をすると、夢が壊れる! そう思うかもしれないね。でも、それが現実だ。夢をつかむということは、夢を夢で終わらせない、そう、夢を現実にすることなんだ。

これから大切なことを言うよ。いいかい？

もし、きみが本当に夢をつかもうとしたら、決して現実から目をそらしちゃいけない。

それが、どんなにきびしい現実であったとしても。

なぜって？

夢をつかんだ人は、みんな、そうしてきたからさ。

現実をしっかりと見ない人は、現実に幸せになることなんてできないんだよ。絶対にね。

アイドルになる、ということは、アイドルを仕事にする、ということだ。アイドルとして生活する、ということなんだ。この現実にね。

きみは現実を受け入れなければならない。

すべては、そこからはじまる。

悪い芸能事務所とは？

「どういう芸能事務所がいいですか？」

これは困った質問だ。いちがいには答えられない、という話はしたよね。

「どういう芸能事務所が悪いですか？」

これなら答えられる。

まず、不当なお金をきみに要求する事務所だ。登録料に○万円、レッスン料に○万円、カタログ掲載料に○万円……法外な額のお金を、きみに払わせようとする。

これはインチキ事務所だと言っていい。だって、おかしいでしょ？　どうして、仕事をするきみのほうが多額のお金を払わなくちゃいけないの？

その上で、言っておきたいことがある。

アイドルは、あまりもうからない。アイドルで多額の収入があるのは、ほんのひとにぎりのみ。残念だけど、これが現実だ。

お金をもうけるために、アイドルになろうとしているんだったら、やめたほうがいい。

そう言うしかないな。

だけど、芸能事務所に所属した女の子のほうが多額のお金を要求されるというのは、絶対におかしい。

さらに、もう一つ。

セクハラをされる。パワハラや、望まない仕事を強要される――そんな事務所もやめたほうがいい。

これは芸能事務所に限らない話だ。

ただ、むずかしい問題もある。

アイドルになりたいきみが「水着グラビアはやりたくない！　そんなのセクハラだ‼」なんて言いだしたら、どうだろう？

事務所としてもちょっと困っちゃうよね。

要は常識的に考えてほしい、ということ。芸能界だから常識が通らない、ということは絶対にない。もし、常識はずれのこと（多額のお金を要求したり、セクハラを強要したり）を、きみに持ちかける芸能事務所があったら、まずそれはインチキ事務所だ。

契約の大切さ

そこで大切なのは、契約だよね。

事務所に所属する時には契約書をかわす。きみが未成年なら、親や保護者が責任者として署名する。これは法律上の決まりだ。

その時、契約書をよく読むこと。契約内容にわからないところがあったら、遠慮せずに、きちんと問いただすこと。すべて納得した上で契約書に署名すること。必ずそうしてほしい。

近年、アイドルや所属タレントと芸能事務所がトラブルとなり、民事裁判に発展するケースがけっこう増えた。

その際、問題になるのが契約内容だ。

ことに契約期間、ギャランティーについてなどが争点となる。ブレークした芸能人が事務所の移籍問題でトラブって、裁判沙汰となり、芸能活動が停止状態におちいる（いわゆる〝干《ほ》される〟ってやつ）――なんてのも、よく聞く話だ。

もちろん、トラブルになんかならないほうがいい。裁判沙汰なんて困っちゃうよね。

でも、そのためには一番最初の契約の時に、事務所サイドときっちり話し合うべきだ。

いい芸能事務所ってのは、きみにかくしごとをしない事務所だ。仮にギャランティーが少ないとしても、その額をきちんと明らかにしてくれる。仕事の内容をはっきりと説明してくれるところ。正直であることが一番。何もかもあいまいなままの事務所は、やめたほうがいい。きっと、後悔することになる。


さて、一応、これが基本的な話だ。

アイドルに限らない。芸能人になりたい！　芸能界へ入って活躍するため、芸能プロダクションに所属することをめざす――そんな人が最低限、知っておくべき情報だ。

いわば旧タイプの芸能人入門篇《にゅうもんへん》ってわけ。

アイドルの新しい形

でも、時代は変わった。

前の章で話したように、今やアイドルの形は劇的に変化している。ここからは、そんな新しい時代のアイドルになりたい（！）きみのために話そうと思う。

さっき言ったように、芸能人が所属するプロダクションも、仕事をするテレビ局やマスコミも、ほとんどが東京にある。地方に住んでる人は、芸能人になりたかったら、上京するしかない。

けど、アイドルは違うんだ。

今や日本の各地にたくさんのご当地アイドルが存在する（ローカルアイドル、略してロコドル、地元アイドルとも呼ばれているね）。

ためしに、きみの住んでる街＋「ご当地アイドル」――をスマホで入力して検索してごらんよ。

ほらね、出てきたでしょ？

少なくとも、きみの住む街から近い地方都市にはご当地アイドルが存在するはずだ。その多くはグループアイドルで、新メンバーを募集していたりする。

そうなんだ。つまり、きみは上京しなくったって、自分の街に住みながらアイドルになれるんだ！

これって、すごい。

ご当地アイドルの形はさまざまだ。アイドルを支えるスタッフらは「運営」と呼ばれる。

運営の主体は、地方の芸能事務所だったり、芸能系のスクールだったり、あるいは街の商店会や、ライブハウスのおじさんや、そう、個人がやってる場合だってある。

かつて山形にSHIPというご当地アイドルがいた。山形県酒田《さかた》市の中町商店街が地域を活性化するため、地元の女の子たちを集めてアイドルグループを結成したんだ。商店街やお祭りの特設ステージで唄ったり踊ったりした。

活動期間は2002年から2007年まで。ちょうどアイドル冬の時代――アイドルがテレビの歌番組から消えた頃だった。

でもね、ＳＨＩＰはずいぶんとテレビに出たんだよ。歌番組じゃなくて、ニュース番組に。山形のアイドル、唄って踊って、地元の商店街を元気づけてる女の子たち――って、たくさん特集された。

テレビやインターネットで彼女らの存在を知ったアイドルファンたちが、わざわざ遠くから山形にかけつけて、ライブを楽しむようになる（解散してからも、ＳＨＩＰをモデルにしたドラマが作られて、ＮＨＫで放送された）。

ＮＨＫの朝ドラ『あまちゃん』には、明らかにＳＨＩＰのエピソードが受け継《つ》がれているよね。

１９９０年代に入って、バブルがはじけて、この国は長く不景気が続いた。ことに地方の街は冷えきった。駅前の商店は次々とつぶれて、シャッター通りになっている。そのシャッターの前で女の子たちが踊りだす！

地元を応援するために。自分たちの住む街を元気づけるために。

そうして日本全国各地にご当地アイドルが誕生した――というストーリーだ。

そうなんだ。みんなを元気づけることがアイドルの仕事なんだよ。そんなアイドルをファンは応援する。ファンとアイドルが力を合わせて場を盛り上げる。街を元気づける。

だから、ライブアイドルなんだ。グループアイドルなんですよ。

アイドルのライブへ行ったらわかると思うけど、つまり〝お祭り〟なんだね。

地方を盛り上げる〝お祭り〟として、地元アイドルのブームが広がった。

今では全国各地にあって、きみは自分の街に住みながらアイドルになれる。

情報を収集すること

いや、ちょっと待って。ここで考えなきゃいけないことがある。

さっき話したみたいに、ご当地アイドルの運営ってのは大手芸能プロダクションじゃないことがほとんどだ。これはご当地アイドルに限らない。東京のライブハウスを中心に活動する、いわゆる地下アイドル、インディーズアイドルだってそうだろう。

運営がアマチュア同然だから、芸能のノウハウがない。経営も組織も、しっかりしていない（ケースが多い）。

結果、どうなるか？　けっこうトラブルが多いんですね。

インターネット、ことにツイッターなどを見ると、ほぼ毎日のようにご当地アイドルや地下アイドルのメンバーが解雇されたり、グループ自体が解散したり、活動休止したり――なんて情報が飛び交っているよ。

なかにはさっき言ったように、裁判沙汰に発展するケースもある。

もちろん、これはアイドルの数が爆発的に増えたことの結果、起こっていることだ。

そりゃこれだけたくさん全国各地にアイドルがいれば、トラブルだって起こるさ。問題の生じるアイドルや運営だっているだろう。当然だ。

ネガティブなことばかり言うつもりはないよ。けれど、きみはそのことをはっきりと知っておかなくちゃならない。本当にアイドルになって、活動したいんだったら。

インターネットに出ている情報が正しいとは限らない。いい加減な情報や、ウソもすごく多い。でも、きみが入りたいご当地アイドルや、アイドルの運営について最低限、ネットで調べておくべきだろう。

くどいようだけど、言っとくよ。アイドルになるため、アイドルとして成功するためには、情報が必要なんだ。

その上で、しっかりと考えるべきだ。自分の頭で考え抜くべきなんだ。きみがアイドルになって何をやりたいか、どうなりたいかってことを、まず明確にしておくべきだ。

ご当地アイドルから女優に

アイドルの特性として「若さ」ってのがあるよね。アイドルは若い女の子がやるもの。年齢を経《へ》たら、卒業していくもんだって。

はっきりと「アイドルは通過点にすぎない」と言う人もいる。

アイドルをステップにして、最終的には女優になりたい！　という子も。

それで全然いいと思う。けど、そうならそうで、最終的に女優になるためのステップとして、アイドル活動はどうあるべきか？　と真剣に考えなくちゃいけない。

たとえば、ご当地アイドル出身で女優になんてなれるのか？　なんてね。

橋本環奈《はしもとかんな》って女の子がいる。知ってるよね？

テレビCMやバラエティー番組などで活躍。２０１６年春公開の映画『セーラー服と機関銃―卒業―』で主演女優となった（かつて80年代に薬師丸《やくしまる》ひろ子が主演して大ヒットした作品の続編だ）。翌年には映画『ハルチカ』でも主演している。

彼女はずっと福岡県に住んでいた。ご当地アイドルのＲｅｖ．ｆｒｏｍ ＤＶＬのメンバーだったんだよ（２０１７年春に解散）。

実は福岡は全国一のアイドル激戦区と呼ばれている。ＡＫＢグループのＨＫＴ48が有名だけど、それだけじゃない。ＬｉｎＱ、ＨＲ、ＱｕｎＱｕｎ、青春ＳＵＮ学園など、たくさんのご当地アイドルがしのぎをけずっている（数年前、「福岡のご当地アイドルについてだけで一冊、本を書いてください！」という依頼が、某出版社からぼくにあったぐらいだよ)。

橋本環奈は、そんなご当地アイドルの一員として福岡で活動していた。2013年、イベントで踊ってる彼女の写真がインターネットにアップされると大評判になってね、〝奇跡の一枚〟と呼ばれた。〝千年に一人の逸材〟〝天使すぎるアイドル〟とも称されて、またたくまに全国区の人気者になっていったよ。

もともと福岡で子役や子供モデルをやっていた。12歳の時(2011年)、是枝裕和《これえだひろかず》監督の映画『奇跡』に子役の一人として出演してもいる。けれども、それから5年後、地元アイドルの活動を通じて、彼女は立派な主演女優になったんだよ!

これって、すごい。

つまり、地元アイドルから主演女優になれる! ってことを、橋本環奈が証明してみせたってわけ。

そのきっかけとなったのが、ライブ活動とインターネットにアップされた写真だった、というのは、重要だ。テレビはネットでの大評判を追っかけて、増幅《ぞうふく》したにすぎない。

アイドルとはメディアを通した人気者で、メディアが変わればアイドルの形も変わる
――そのはっきりとした証拠だよね。

橋本環奈やＳＨＩＰの例を見れば、ご当地アイドルとして地方で活動していても、テレビのニュースで取り上げられたり、全国区の人気者になったりすることができる！

って、よーくわかる。

けど、彼女たちが登場してくる前に、そんなことを言っても、きっと誰も信じてくれなかったろうね。

「えーっ、地方でマイナーなご当地アイドルなんてやってても、全国的にブレークするわけないよ！」

実際、東京の芸能界の人がそう言うのを、聞いたことがあるよ。

アイドルの形は変わる

そうなんだ、アイドルの歴史って浅い。たった半世紀たらず。アイドルの形はどんどん変わってきたし、これからも変わってゆく。

何が起こるか、わからない。それがアイドルのおもしろさだ。

たった一人の新しいタイプの女の子が出てきただけで、アイドルの世界がパッて変わっちゃうんだ。

70年代に活躍した山口百恵《やまぐちももえ》は21歳で結婚して、引退した。専業主婦になった。当時、女性は結婚すると退社して、専業主婦になるのがあたりまえだった（〝寿退社《ことぶきたいしゃ》〟な～んて言葉があったんだよ！）

けど、80年代の松田聖子《まつだせいこ》は結婚しても、母親になっても、芸能活動を続けた。50代の今だって、アイドルですよ！

はっきりとアイドルの形を変えたんだね。

アイドルは卒業するもの――なんて常識は、実はもうない。ママドルなんて今やいっぱいいるし、30代のグラビアアイドルもけっこう多い。

そう、一生、アイドルを続けたっていいんだ！

時代は変わった。これからもアイドルはどんどん変わってゆく。固定観念《こていかんねん》で考えないほうがいい。

アイドルには無限の可能性があるんだ!!

もちろん一生、アイドルを続けなくたっていい。卒業するのもオッケー。青春の一時期をアイドル活動にかけたい。輝きたい。若さのエネルギーを燃焼させたい――それだって全然いいよ。

この章は「アイドルになる方法」というタイトルだ。けど、今や誰でもアイドルになれる。問題は、アイドルになって何をやりたいか、どうなりたいかだ、と言ったよね。

それは、アイドルになっていい時間をすごしてほしい、悔いのないようにってことさ。きみが最終的に「アイドルになってよかった！」と思えるように。心から笑えるように。

つまり、「アイドルになって幸福になる方法」と言い換えたっていい。

そうなんだ。
きみはアイドルになる。
そうして幸福になるんだ！

第5章

アイドル部を作ろう！

高校野球のように

アイドルになりたい！

そう思っているきみは、今や誰でもアイドルになれる――ということを知っている。

問題は、アイドルになってどうするか、いかに充実した時間をすごすか？　なんだって。

高校野球を考えてみよう。

卒業してプロ野球の選手になれるのなんて、ごく一部だろう。甲子園大会に出場できる者さえ少数でしょう。

それでも高校時代に野球にかけて、毎日、汗を流して、がんばって、やがて卒業してゆく。そういう青春はすばらしい！

アイドル活動が、そんな高校野球のようであっても、全然いいと思う。

実際、歌もダンスも未熟で、けど、懸命にがんばってるご当地アイドルを応援するファンって、エラーも多いけど、毎試合、全力でプレーする高校野球に声援を送る観客たちと同じ気持ちでしょう。

プロの選手にはなれない、甲子園には出場できない……でも、誰でも野球はできる。それと同じように、誰でもアイドルになれる時代がやってきたんだ。

野球だけじゃないよ。サッカーだって、バスケットボールだって、陸上競技だって、スポーツはみんなそうでしょう。あるいは、ゴルフやダンス、バンド活動なんかの趣味と言われてるものだって同じ。

誰でもできる。いつでもできる。日本中のどこに住んでたって、できる。若くても年配の人でも、みんなできる。

今やアイドルもそうなりつつある。けど、それがいつまで続くかということだ。アイドルというジャンルを一過性《いっかせい》のブームで終わらせては、いけない。誰もがアイドルになれる環境を、より長く持続させること（そう、永遠に！）。

そのためには、どうすればいいだろう？

野球やサッカー、陸上競技なんかのスポーツなら、日本全国、ほぼすべての中学・高校でクラブ活動がある。体育の授業でやったりもするよね。

2012年度から全国の小中学校の体育科目でダンスが必修科目になった。なかにはヒップホップダンスも含まれる。

えっ、ヒップホップ⁉　趣味や遊びで、若者たちがクラブとかでやるもんじゃなかったの？　と驚いたけどね。

また、バンド活動をやる女の子たちが増えた。高校に軽音楽部があるからだ。『けいおん！』なんてアニメもありました。

アイドル部を作ろう！

そうなんだ。

つまり学校に……アイドル部があればいい！

いや、授業でアイドル活動をやればいい‼

ええええっ、学校でアイドルをやるの⁉　って、驚いたかもしれないね。けど、そんなに意外なことかな？　小中学生が授業でヒップホップダンスをやる時代だよ。アイドル科目が必修になっても何もおかしくない。

現在、大学生の女の子たちがアイドルグループを組む――〝ユニドル〟ってのがある。ユニバーシティ・アイドルの略だ。

全国のユニドルが集って競い合う大会も大盛り上がり。いわゆるアイドルのダンスコピー・コンテストだ。

日本中の大学にアイドル活動サークルが増殖している！

けど、中学や高校ではまだまだだ。アイドル部ってのは、あまり耳にしない。『アイカツ！』や『ラブライブ！』なんてアニメやゲームの世界ではスクールアイドルが大人気なのにね。現実はそうじゃない。

なぜだろう？

それは、まだアイドルが文化として世の中に認められていないからだろう。学校の授業内容を決めるのは、文部科学省だ。国や文科省が認めなければ、アイドルが中学校の必修科目になることはない。

クラブ活動だって、そうだ。学校側が公認しなければ、活動はできない。非公認サークルや同好会の形ではじめる。あるいは軽音楽部にアイドルポップスの部門を作る。ダンス部がアイドルダンスを取り入れる――などなど、やり方はいろいろあるだろう。

つまりは学校でアイドル活動をするために、その学校ごとの事情に応じて働きかけをしなければならない。

理解のある先生に相談する。仲間をつのって、話し合い、生徒会に提案する。やることは、いっぱいある。ともかく、まず、動いてみることだ。

アイドル部を作ろう！

第三の道

女子だけじゃない。男子のアイドルがいてもいい。ステージに立って、唄って踊る子だけじゃない。曲を作る者、作詞する者、振りつける者、などなど。衣裳《いしょう》を作ったり、プロデュースしたり、つまり、アイドルに関わるすべての仕事を生徒たちがやるんだ。

他のクラブとのコラボもいいね。衣裳作りなんて手芸部、ステージの演出や照明なんて演劇部の協力があったら助かる。

そうして日本全国の中学校・高校にアイドル部ができて、野球の甲子園大会みたいに全国大会が開かれたら、きっと盛り上がる。ブームじゃなく、持続的な活動になる。

その時、アイドルは文化として認められるんだ！

これは大事だよ。なぜかって？　順を追って説明しよう。

たとえば、きみが学校外で仲間をつのって、サークルを作り、アイドル活動をするのもいい。

実際、ご当地アイドルや地下アイドル、インディーズのアイドルで、運営を介さず、自分たちだけで自主的に活動している女の子たちもいる。

けど、これがなかなかむずかしいんだな。

まず、お金の問題をどうするかとか。

アイドルの場合、どうしても女の子たちが大人の運営に搾取《さくしゅ》されてるイメージがある。

おまけにご当地アイドルや地下アイドルの運営はアマチュア的で、トラブルも多いって話はしたよね。

かといって女の子たちが大人の運営抜きで、自分たちだけで活動したら、どうなるか？　活動するためのお金を用意するのもひどい苦労だ。経営や運営なんてハンパなく大変だよ。トラブルだって起こるでしょう。

大人の運営に搾取されたくない。かといって女の子たちだけだと危うい。

そこで第三の道が、アイドル部なんだ。

部活として認可されたら、活動費が出る。学校の施設も使える。体育館のステージでライブもできるよね。部活担当の先生が顧問になって、トラブル処理もしてもらえる（とはいえ金銭的に搾取されることはない）。こんないい条件はないと思うんだけどな～。

大人を味方にする

では、そのためにどうすればいいか？

ぼくには、いったい何ができるだろうか？

そうなんだ。そのためにこそ、今、ぼくはこの本を書いているんだ！

アイドル部を作ろう！　って、きみに、きみたちに呼びかけるために。

だから、アイドルになりたい、きみの友達やクラスメートにこの考え方を広めてほしい。なんなら、この本をみんなでまわし読みしてもらったっていい。

いや、学校の先生や、きみのパパやママや、知り合いの大人たちにも、この本の存在や、アイドル部を作ろう！　って考えをできるだけ広く伝えてほしい。

今の大人と昔の大人は違う。今から20年ぐらい前は、女の子がアイドルになりたい！と言うと、必ず家族の誰かが大反対したものだ。

娘が芸能界へ入ると言うと、何かまるで人さらいにあうか、いかがわしいところへ売られていくようなイメージで（笑）。

だけど、今は違う。

「アイドルの歴史」の章でも話したように、日本のアイドルはもう四十数年もの歴史がある。最初期のアイドル文化を身に受けて育った、ぼくのような世代は、もはや50代の後半だ。

今の大人たちは、みんなアイドルを愛して育った。

逆に、反対どころか、母親のほうが熱心で、自分のなれなかったアイドルへの夢を、我が娘にたくして応援しているケースも多い。

学校の先生だって、政治家だって、そうだ。きみのまわりの大人たちも、若い頃はアイドルに夢中になった人がいっぱいいる。

アイドルのすばらしさを、よーく知ってるはず。

いいかい、そういう大人たちを味方につけるんだよ。

この本は〝アイドルの味方〟を増やすために、ぼくは書いている。なぜって？　そうすることで、アイドルになりたいきみや、きみたちが、より楽しい時間を生きる、よりよい環境を作り出すために。

ぼくをよんでください！

この国の政府は、クールジャパン政策とかなんとか言って、漫画やアニメなど日本のサブカルチャーを海外に輸出することを推奨《すいしょう》している。アイドルもそうだ。世界各国で開催されるジャパン展のようなイベントに、日本のアイドルが出かけていって、ライブをやり、いろんな国の人たちを楽しませている。

アイドルのすばらしさを世界中に広めている。いいことだ。

アイドルは日本の誇るべき文化なんだ。

ならば、この国の政府や政治家たちが、アイドルを利用するのではなく、アイドルの文化を守るため、より発展させるため、もっと貢献《こうけん》するべきだ。努力するべきなんだ。

ヒップホップが小中学校の必修科目になったように、アイドル活動が学校の授業になったって全然いい。文科省が認めれば、できる。

少なくとも、アイドル部が全国の学校に広まるように後援するべきだ。

そのために、ぼくは自分にできることをやろうと思っている。政治家や、役人や、学校の先生や、いろんな大人たちに会って、自分の考え方を伝えたい。

彼らを〝アイドルの味方〟にするために。

がんばって、説得しようと思う。

いや、大人たちだけじゃない。きみたち若い世代に対して、アイドルのすばらしさを伝えたい。そのために、今、こうして本を書いているんだ。

講演や、トークライブや、テレビやラジオや雑誌の仕事で、全国をまわって、たくさんの人たちにそんな話をしたい。

ぜひ、ぼくをよんでください！

アイドルという文化を永く持続させたい。よりにぎやかに、より楽しく、より広く発展させたい。

アイドル部を作ろう！　というのは、その一つのアイデアにすぎない。

もっといいやり方があるかもしれないね。きみも考えてくれないかな？

そうして、いいアイデアを思いついたら、どうか、ぼくに教えてほしい。この本の出版社宛に手紙をくれるのでもいいし、ぼくはツイッターをやっているから、リプライをください！

（ツイッター・アカウント→@a_i_jp）

きみは世界を変えられる

何かを変えようと思ったら、とても自分一人の力じゃ無理だ。たくさんの人たちの協力が必要になる。

けど、誰か最初の一人が本気で想いを伝えて、その考え方がよかったら、きっと大勢の人に伝わるはずだ。状況は変わるはずだ。

時間はかかるかもしれないけどね。

ぼくは最初の一人になりたい。

実は、これは、アイドルになりたい！　と思っているきみにとっても、大事な考え方なんだ。

まったく無名の女の子が、アイドルになって有名になる。そのためには、彼女をアイドルとして認めて、すばらしさを他の人にも伝えた、誰か最初の一人がいたはずなんだ。

ぼくは、その最初の一人になりたい。

最初の一人が、次の人へ、次の人がそのまた次の人へ、さらにまたまた次の人へ……想いを伝えてゆく。伝言ゲームみたいなものだね。

あのね、きみには知り合いがいるだろう？　友だちとか、先生とか、親せきのおじさんとか、かかりつけのお医者さんとか。で、その知り合いにも知り合いがいる。そうして、知り合いの知り合いの知り合いの……って、ずーっとつなげてゆく。

いったい何人つなげたら、世界中のすべての人たちとつながると思う？

なんと、たった6人なんだ！

そういう研究結果があるんだよ。

知り合いの知り合いの知り合いの知り合いの知り合いの知り合い――たった6人のつながりで、きみは中国の誰かとも、フランスはパリのチビッコとも、遠いアフリカのおじさんとも、地球の反対側の◯◯さんとも、そう、全員とつながることができるんだ。

これって、すごい！

つまり、知り合いの知り合いの知り合いの……って、6人の人たちに想いを伝えることができたなら、きみは世界中のすべての人に想いを伝えることができるんだ。

きみは世界を変えられるんだよ！

ねっ、すごいと思わない？

一人のまったく無名の女の子が、ある日、有名なアイドルになれるように、ぼくたちは世界を変えることができる。

それは目の前の誰か一人に想いを伝えることからはじまる。

ぼくにとって、その目の前の誰かとは……きみなんだ！

アイドルを永遠にするために

きみが誰か他の一人に想いを伝えてくれたら、ぼくの想いは世界中に広がる。

そう信じて、ぼくはこの本を書いている。

ぼくの想いってのは、こうだ。

アイドルはすばらしい！

アイドルは永遠だ。

アイドルという文化を永く広く伝えたい。そのためには、どうすればいいかを考え、みんなで力を合わせて、世界をよりよく変えたい。

大げさだなー、と思ったかな？

アイドルになりたい！　たんに自分はそう願っているだけなのに、どうしてそこまで考えなくちゃいけないの？　なんてさ。

それは、こういうことだ。

たとえば、柔道ってある。日本に古くから伝わる武道だ。けど、今じゃオリンピックの種目にもなってる。世界中で柔道をやってるアスリートたちがいる。柔道の一流選手をめざして、毎日、練習にはげむ子供たちが、世界中にいるんだ。

これは柔道のすばらしさを世界中に広めた人たちが、過去にたくさんいたからなんだよ。決して自然にそうなったわけじゃない。

もし、そうした人たちがいなかったら、柔道というものは、この地上からなくなっていたかもしれない。

アイドルだって、そうさ。

今、きみがアイドルになれるのも、アイドルになりたい！　って思えるのも、過去にアイドルという文化を伝えた、たくさんの人たちがいたからだ。

バトンリレーのようなものさ。アイドルというすばらしいバトンを、今度はきみが次の世代にしっかりと受けわたさなければならない。

想像してごらんよ。

世界中の人たちが、日本から発したアイドルという文化を、みんなで楽しんでいる未来を。

日本中の子供たちが、毎日、アイドル活動にはげんでいる姿を。野球や、サッカーや、陸上競技や、ブラスバンドと同じように、放課後、毎日、学校でアイドルのレッスンに汗を流しているその顔を。その輝く瞳を。

夢なんかじゃない。

ぼくには、はっきりと見える。

そう、きみのアイドルになりたい！　って想いが、決して夢で終わらないように。

必ず実現する！

今、ぼくはきみに想いのバトンをしっかりと受けわたした。

だから、さあ――


アイドル部を作ろう!!

第6章

運をよくするには

運が悪い女の子

アイドルとしてブレークするのに、もっとも大切なことがある。

それは、運だ。

そう言ったのは、秋元康《あきもとやすし》だった。

１９８０年代半ばにおニャン子クラブが大ブレークした時のこと。

歌もダンスもうまくない。ルックスも普通。まったく素人《しろうと》の女子高生たちが大ヒットした。いったい彼女たちは何を持っていたのか？

「運がよかったんです」

秋元さんは、さらりとそう言ってのけた。

なるほどな〜、と思ったね。

あの時代におニャン子クラブというグループが存在して、そこに入れたからこそ芸能界で活躍できた女の子たちがたくさんいる。これはもう運と言うしかない。

現在のＡＫＢ48についても同様なんじゃないかな？　ＡＫＢの一員じゃなければ、これほどブレークしたろうか、という女の子がいっぱいいる。

人は生まれる時代も、場所も、誰から生まれるかも、自分では選べない。江戸時代に生まれた女の子がアイドルになろうとしたって、絶対無理だ。あたりまえだね。

アイドルがまったくはやらない時代に、たとえアイドルになれたとしたって、ブレークするのはむずかしいだろう。

ホント、運ってのは大きいよ。

で、さて、運をよくするには、いったいどうすればいいんだろう?

「あたし、運が悪いんですよ～」と言うアイドル志望の女の子の話を、よく聞くことがある。

オーディションの書類審査に受かったけど、面接の日に用事があって行けなかった。行ったらデビューできたかもしれないのにぃ……。あ～、あたし、運が悪いー、って。

ダメだな～、この娘《こ》はって、思ったよ。

だって、そうでしょ。面接の日に用事があったって何なの? 自分の夢より大切なことがあったわけ？　そんなんじゃ絶対に夢は実現しないよ。

どんなことがあったって面接に行かなきゃ！　以前、ぼくが面接審査をつとめたオーディションにやってきた女の子は「今日、家が火事で焼けちゃいました⁉」って泣き出したんだ。すごいね～。それは、まあ極端にしても。

あのね、たとえ面接審査に行けなかったとしたって、行ったらデビューできたかもしれない、運が悪い……と言い続ける思考回路はホッント、ダメダメだ。

だって、自分がデビューできないのは「運が悪い」せいだって言ってるわけでしょ？　だったら今後も夢が実現できないのは、ずーっと運のせいにできちゃうわけじゃん。

これではダメっすよ。夢なんか実現できるわけがない。さらに運もよくならない。

自分は運が悪いと思ってる女の子は、どんどん運が悪くなってゆく。

〝悪運のスパイラル〟と呼びましょう。


運とは何か？

でね、つまり運って何なのか？　ということ。

それは……出会いの才能だ。

成功した人ってのは、必ず出会うべき人にいいタイミングで出会ってるんですね。

いや、人だけじゃない。

仕事や、オーディションや、イベントとの出会いだったりもする。たまたま行ったイベントで声かけられて、デビューする女の子だっています。

ここで重要になるのが、出会っていることに気づくということだ。わかるかな？

あのね、ニュートンはリンゴが落っこちるのをたまたま見て、重力の法則を発見したって話がある（これが事実か伝説かは、まあ、この際、置いとくよ）。

この話のポイントはね、つまりニュートンはずっと重力の法則のもとになるようなことを考え続けていたってことなんだ。そこに、たまたまリンゴが落ちるのを見て、パッとひらめいたってわけ。リンゴはジグソーパズルの最後のワンピースにすぎなかった。

もし、ニュートンがそれまで何も考えてなかったら、リンゴが落ちるのを見ても、ああ、おいしそうだな〜とつぶやいて、終わりだったかもしれない。

ニュートンは考えることによって、出会いの準備をしていたんだ。リンゴが落ちるのに出会って、それが重要な出会いだってはっきりと気づけた。おかげで、歴史に残る発見ができたんだよ。

だから、きみも出会いの準備をしなければならない。出会ったときに、それが自分の運命を変える出会いだって気づかなければ……いや、気づけなければいけない。

運がいいってのは、自分の運のよさに気づけるってことなんだ！

ＩＭＡＬＵってタレントがいるよね。本名は、いまる。

「いきてるだけでまるもうけ（生きてるだけで丸儲《まるもう》け）」

そんな思いをこめて、父親の明石家《あかしや》さんまさんが名づけたと言われている。

そうなんだ。生きてるだけで丸もうけなんだ。

きみは運がいいんだよ！

だって生きてるじゃん。この時代に、この国に生まれて、自分の夢であるアイドルになれる可能性があるんだよ。

めちゃめちゃ強運の持ち主じゃん。

ねっ、そうでしょ？

運がよくなるってのは、自分の運のよさに気づくってことさ。すると、きみはどんどん運がよくなってゆく。

〝幸運のスパイラル〟と呼びましょう。

気持ちが9割9分

もう、わかったと思うけど、大事なのは気持ち、だよね。

心がまえや、精神、ガッツ、スピリット。

どんな夢を実現するにも、それはとても大切なものだろう。でも、アイドルの場合、ちょっと違うんだ。

これがスポーツならどうか？

プロ野球やプロサッカーの一流選手になろうとしたら、スピリットはもちろん大切だけど、それだけじゃダメだ。

生まれ持った身体能力——上背《うわぜい》や骨格、筋肉、運動神経や反射神経、体力などなど、さまざまな条件にめぐまれる必要がある。

だけど、アイドルは？

そう、アイドルとは「好き」になってもらう仕事——そう言ったよね。ちゃんとおぼえてるかな？

逆に言えば、「好き」になってもらえればいいんだ。

歌がヘタでも、ダンスがダメでも、美人じゃなくても、全然いい。極端な話、誰だってなれる。

だから、むしろ気持ちや心がまえ、ガッツやスピリットこそがもっとも大切なんだ。

アイドルとしてブレークすることの9割9分は、それで決まると言っていい。

アイドルのスタイルや、流行、取りまく環境などは、時代によって変わってゆくだろう。けど、そんなのはネットで検索すればいい。誰だって、すぐにわかる。

大事なのは、ネットで検索しても、わからないことだ。

そう、それは、きみのマインド（心）なんだよ！

そのことを、ぼくはこの本で一番、力をこめて、きみに訴《うった》えている。

この章では、とことんそれを語りたい。

おそらく、はじめて知ることばかりかもしれない。きみにとって胸が痛くなる話もあるだろう。でも、どうか逃げずに聞いてほしい。

きみが本当に夢を実現したいなら。

アイドルになりたいなら！

できるよね？


デビューすると、どうなる？

アイドルをたくさん育てた芸能事務所のベテランマネージャーさんに話を聞いたこと

がある。

アイドルに向いてるのって、どんな子ですか？

「うーん、友達のいない子かな」

えええっ、と思ったよ。

「あと、そう、携帯電話を持ってない子」

ええええーっ、今どき、そんな子、いるの～っ⁉　と、びっくり仰天したよ。

でもね、話を聞いてみると、すっごく納得をした。

きみが芸能事務所へ入る。アイドルとしてデビューする。テレビ番組に出たりもする。

すると、どうなるか？

一番、大きく反応するのが、友達なんだ。

きみのスマホにいっぱい友達からメッセージが届く。

「すごいね」「やったじゃん」「デビュー、おめでとう！」「応援するよ～」などなど。

そのうち、だんだん、えっ、この人、そんなに親しかったっけか？　みたいな子からも「ウチら、友達だよね〜♡」てなメッセージが急に届いたりもする。

「ねーねー、〇〇クンのサインもらってよ！　テレビで共演したっしょ〜。あたしたち、友達だから、もらってくれるよね、ねっ♡」

人気の男子アイドルのサインをねだられるんだ。一方的に友達アピールをされた相手に……。これは困っちゃうよね。

返事をしないと、しつこく催促がくる。ウザい。ウザくてたまんない。そのうち、まったく知らない子たちからも、どんどんメッセージが押し寄せる。

で、きみは携帯番号やメルアドを変更するハメになる。

すると、どうなるか？

「ちっ、なんだよ、アイツ。連絡つかねーし。ちょっとテレビに出たぐらいで、テングになりやがって。ふざけんな！」

一方的な友達アピールの子は怒り出す。かつてのきみのクラスメートらに、きみの悪口を言いまくる。

インターネットの匿名《とくめい》サイトに、きみのことをボロクソに書く。

〈○○ちゃんの元クラスメートだけど、あいつ、性格サイアクだよ！　クラス全員に嫌われてた。クソビッチ!!〉

あることないこと、いや、ないい、い、い、ないことないい、こと、い、書きまくられる。

ネットでそれを見たきみは愕然《がくぜん》とする。

いやいや、ないい、い、い、い、ないことないこと、デタラメだったらまだいい。ホントのこと、明らかにこれは親しい友達しか知らない事実がネットで暴露されていたら……。

「ねーねー、あれも出しちゃおうよ」

昔、親しい女の子たちと撮った写真がネットに出まわる。その中には、どこかのお店でテーブルの上にはビールやアルコールらしきグラスも写っていて……。

〈未成年アイドルの○○が飲酒スキャンダル!!〉

そんな記事が出ることに――。

ふ～。もう、やめよう。

きみは友達を失う

こういうのって、よくあることだ。

さっきのベテランマネージャーさんが「友達のいない子、携帯電話を持ってない子」がアイドルに向いてると言ったのも、よーく理解できたでしょう？

友達がいなけりゃ、携帯電話も持ってなければ、こんな悲劇は起こんないもんね。

でも、これって、けっこうシビアな事実だ。実際、友達がまったくいない、携帯電話も持ってない子なんて、ほとんどいないわけだから。ねっ、きみだって、そうでしょう？

10代の女子に、あなたにとって一番大切なものは何？　って聞いたら、どうだろう。「友達」って答える子が多いと思う。

その友達に裏切られたりしたら、そりゃヘコむよね。

デビューしたての新人アイドルが、激ヤセしたり、むくんだり、いわゆるメンタルの問題をかかえて摂食障害《せつしよくしようがい》におちいるのは、よくあるケースだ。その多くは、友達関係がぎくしゃくして起こると言われている。

これから、ちょっときついことを言うよ。

いいかい。

アイドルとしてブレークしたら、きみは友達を失う。

親友とも関係を絶《た》つことになる。

絶対に……とは言わないよ。けど、ほぼほぼそうなる。ブレークしたアイドルの多くが、そうなったことを、ぼくは知っている。

悲しいことだ。でも、これは現実なんだ。

女の子の友達どうしは、一方がアイドルとしてブレークすることを、もう一方は喜ばない。表面では「応援してるよ！」と言うだろう。いや、自分でも「応援してる」つもりになってるかもしれない。でも、ダメだ。時間がたつと、わかる。

何しろ二人の境遇は変わる。劇的に。以前のような関係じゃなくなる。アイドルになって、きみは変わった——と友達は言うだろう。いや、むしろ変わらなくちゃダメなんだ！

なぜ恋愛禁止なのか？

こんなことがあった。

ある女の子が芸能事務所へ入って、アイドルとして猛プッシュされることになった。するとまもなく彼女は「やめます」と伝えてきた。驚いたマネージャーが理由《わけ》を訊《き》く。

「友達に相談したんですけど、やっぱりやめたほうがいいかなって……」

結局、彼女はやめてよかった。こういうマインドの子が芸能界でやっていけるわけがない。

そもそもアイドルとしてブレークしたら、猛烈に忙しくなる。友達と会う時間もなくなるよ。友達と遊ぶ約束をしても、急に仕事が入ったら、ドタキャンしなきゃならない。

そうして最後には決断をせまられる。

友達を取るか、アイドルを取るか？

ねえ、きみはどっちを取るの？

両方取るってのはナシだよ。もし、人がそのジャンルでトップレベルに立とうと思ったら、何か一つを選ばなければならない――そんな瞬間が必ずやってくる。

いいかい。これから大事なことを言うよ。

人は、何かを得ようと思ったら、何かを失わなければならない。

たとえ、それが親友だったとしても……。

きびしいけれど真実だ。

これは恋愛についても言えるよね。

アイドルの世界で恋愛禁止の問題が、よく話題になったりもする。アイドルグループのメンバーが恋愛禁止の掟《おきて》を破って、脱退したとかなんとか……。

明確なルールはなくったって、アイドルの世界では、ほぼ暗黙《あんもく》のうちに恋愛禁止だ。

それは、みんなわかってる。

ファンの多くは、アイドルを擬似《ぎじ》恋愛の対象として見る。だからCDをたくさん買ったり、サイン会や握手会へかけつけたりして、お金を支払う。そういうビジネスだ。

アイドルが特定のファンや、あるいはアイドルどうしで恋愛して、それを公言していたら、たちまち人気を失うだろう。実際、恋愛スキャンダルが発覚して、ガクンと人気が落ちたアイドルがいっぱいいる。

これではビジネスにならない。そこで事務所サイドやマネージャー、運営はアイドルに恋愛禁止を申しわたす。

バレなきゃいいじゃん！　って思うかもしれないね。でも、バレるんですよ。ブレークしたら、絶対に。世の中は、そんなに甘いもんじゃない。

恋愛を取るか、アイドルを取るか？

確実に選択をせまられる。

さっきも言ったけど、写真には気をつけたほうがいい。恋人と撮った写真は、きみがアイドルになったら、必ず流出する。プリクラのラブラブ2ショットなんて、拡散されたら困るでしょ？　絶対に撮っちゃダメだ。もし、きみが本気でアイドルとしてブレークしたいんなら。

これからは、いつ誰に見られてもいい写真しか、きみは撮ってはいけない。いいね？

かわいい子って弱い

ベテランの芸能関係者が言っていたっけ。「かわいい子って、弱いんだよね」って。

えっ、どういうことだろう？

かわいい女の子は、男性にチヤホヤされる。ずっと、そうされて育ったんで、それがあたりまえだと思ってしまっている。

以前、整形美女を取材したことがあった。

「びっくりしました。整形したら、まわりの男性の態度がまったく変わったんです！私が何か荷物を持とうとすると、いやいや、キミは持たなくていい、オレが持ってあげるから……って、何人も男の人が寄ってきて。みーんなチヤホヤしてくれて。前は全然、こんなことなかったのに。世界が変わりました。やっぱり女は顔なんだなって……」

いや〜、すごいね。でも、それが現実なんだよな〜。

で、かわいい女の子が、自分はかわいいから芸能人になれると思って、芸能界へ入ったとする。すると、どうだろう？　芸能界では、かわいいのはあたりまえで、もっともっとかわいい子がい一っぱいいるんだ。当然ながら、かわいいだけでは誰もチヤホヤしてくれない。

彼女はガクッと自信喪失する。

かわいい子が弱いってのは、そういう意味なんだ。

たとえば素人の若い女の子たちを集めて、話を訊いたり、写真を撮ったりする仕事をやったことがある。約束の時間に遅れてくる子がいっぱいいる。若い女の子ってだけでそうだ。かわいい子なら、もっと時間に遅れてくる。なぜなら、若くてかわいい女の子だからって、許されてきたからだ。ずっと、それがあたりまえだと思って生きてきた。

ところが芸能界へ入るとどうなるか？　新人アイドルが時間に遅れてくることは許さ

れない。絶対に。マネージャーにどやしつけられる。彼女はびっくりする。これまで、こんな経験はなかったのにって……。

ゴリ押しの心理

大人数のユニットやグループアイドルで、ゴリ押しと呼ばれる子がいる。運営によってヒイキされているメンバーだ。優先的にいい仕事がまわされる。そういうゴリ押しの女の子が、早々とグループをやめてしまうケースが、実はよくある。

かわいくて、期待されて、ヒイキされてるゴリ押しの女の子は、ちょっと仕事で嫌なことがあると「私、やめます！」と言い出したりする。内心、絶対に止めてくれると思っているんだ。なんせ自分は他のメンバーと違う。ゴリ押し＝特別待遇なんだから。

ここで「やめないでくれ」と運営が止めたりすると、彼女はますますつけあがる。ほら、やっぱりね、ふん、あたしは特別なんだからって。ひどくワガママになる。時間に遅れてくるのもヘーキ、人の言うことを聞かない。グループの規律《きりつ》や調和は乱れる。

そこで経験を積んだアイドルの運営は、こういう時に絶対に止めない。えっ！　止めないの!?　とショックを受けて、結局、ゴリ押しの子はやめてしまう。

するとどうなるか？

残ったメンバーは、驚いて、考える。あのかわいくて特別な女の子でも、やめたいって言ったら、誰も止めてくれないんだ！　それほど、きびしいんだ！　って。ピシッと気持ちが引きしまる。みんな必死になってがんばって、生き残ろうとする。

アイドルグループで長くやめないで続けてきたのって、そんな女の子たちなんだ。ただ、かわいいだけじゃない。みんな、メンタルがめちゃめちゃ強い。根性がある。じゃなきゃ、普通、すぐにやめちゃうよ。

アイドルとしてブレークするのに一番大事なのは気持ちだ——と言った意味が、よーくわかってくれたかな？

たとえば、ちょっとかわいい女の子が街でスカウトされて、芸能事務所に所属し、アイドルデビューしたとする。けど、すぐにやめちゃうんですよ、たいていは。

だって、給料は安いし、縛《しば》りはきついし――ほら、髪を黒く染めろとか、時間に遅れるなとか、ダイエットしろとかうるさく言われるし、友達とは遊べないわ、恋人は作れないわ、セクハラっぽいこともされるわ、おまけにネットでボロクソに悪口を書かれるわ……そりゃ、普通、やんなっちゃうよ。

やめますよ、普通。かわいい娘だったら、芸能界なんかへ入んなくたって、たんにクラスや職場のアイドルとして、なんの縛りもなく、ただ、みんなにチヤホヤされてたほうがずっといいじゃん！　って気づくはず。

それでも、やめない女の子は、逆に、やめないことに何か理由があるんだね、きっと。

ハングリー精神

アイドルや芸能人を長く取材し続けてきて、気づいたことがある。

はっきり言って、片親の人が多いんですよ。親が離婚している。幼くしてパパかママが亡くなっている。再婚家庭で血のつながらないきょうだいがいて、親に虐待《ぎゃくたい》されたなんて話もよく聞く。
芸能人には片親や複雑な家庭で育った人が本当に多い。プロ野球でサウスポー（左きき）の選手が一般よりはるかに多いってのと似てるかも。そこには何か理由があるはずだ（左バッターの打席は一塁側に近い。イチロー選手が右バッターだったら、内野安打のセーフの確率が減ったろう……なんてね）。

ハングリー精神ってのがある。

おなかがすいた。もっと食べたい。飢《う》えてるから、がんばる。貧しいから、お金持ちになりたい。もっともっと上をめざす。人間の欲望の原点のような精神だ。

たとえば、プロボクサー。きびしい減量や、ハードなトレーニングを要求される超競争社会だ。その上、血まみれになって殴り合うことに耐えられる者だけがチャンピオンになれる。ものすごいハングリースポーツなんだ。

芸能界だって、そうだろう。かつて貧しい家庭に生まれ育って、必死でがんばって、スターになった人がたくさんいる。

だけどね、今や飢えて死ぬほどの貧しい人は、もうこの日本にはいないでしょ？
そこで、片親の子供という話になるんだ。
つまり金銭的なハングリーじゃなくて、精神的なハングリー。そう、心の飢え、って
こと。

片親の子はがんばる

以前、あるオーディションの審査会でのことだ。主催する芸能事務所の社長さんが、応募者の履歴書を見て、こう言った。

「おっ、この娘は片親だな。これはいいよ。片親の子はハングリー精神があって、がんばるから」

すごいな〜、と思ったね。けど、なるほど、とも感じた。

実は、ぼくも若くして父を亡くしている。ずっと母子家庭だ。だから、片親の子供の気持ちは、理解できる。

昔より離婚する夫婦は増えたという。でも、いまだに両親がそろっている家庭のほうが圧倒的に多いでしょう。片親の子供が、父の日や母の日にどう思うか？　クリスマスやお正月は、どうか？　テレビのホームドラマで一家だんらんのシーンを見て、何を感じるか？

ぼくには、身にしみてわかる。

もし、きみが片親の子供だったり、親が再婚したり、複雑な家庭で育ったりしていたら、何もハンディーに思うことはない。まったく逆だ。きみは芸能人に向いている。

あっ、両親がそろっている子供はダメだってわけじゃないよ！　もちろん。

ただ、そう簡単に夢をあきらめない、どんなにつらくったって努力を続ける——強いハングリー精神が必要だって話さ。

イジメられっ子だった、というアイドルも、実はけっこう多いよ。

クラスでイジメられた。ひどい目にあった。みんなを見返したい。脚光を浴びたい。自分が生きてるあかしを思いっきり感じたい。

学校にも、家庭にも、居場所はない。友達はいない。どこにも帰る場所はない。

そう、歌って踊るステージの他には……。

アイドルになるしかない！

こんなハングリー精神があれば、誰よりもがんばれるし、いつか、きっと輝くことができる。そう信じている子供、夢を絶対にあきらめない女の子だけが、夢を叶《かな》えることができる。

それがアイドルの世界なんだ。

天然VS腹黒

天然《てんねん》って言葉がある。

「あの娘は天然だから」なんて、よく言うよね。

つまり作ってなくて素《す》のままで、何かヘンテコなこと言ったり、おもしろおかしい反応をしたりする、魅力的なキャラクターのことだ。

天然の反対は？　人工？

かつてブリッコなんて言われたもんだ。

かわいこぶってる子の略。天然＝素のままじゃなくって、キャラを作ってる。カマトト。男にこびてる。女の子どうしでいる時と、男の子を前にした時では、ぜんぜん態度が違う。急に目を大きくして、わざと舌ったらずなしゃべり方で、声なんかも何オクターブも高くなったりして……。

ブリッコってのは悪口で、女の子のあいだでとても評判が悪かった。デビュー当時の松田《まつだ》聖子《せいこ》なんてブリッコの代表としてさんざん猛バッシングされてました（「お母さ～ん」って泣いたフリしてるけど、涙が出てなかった……なんてね）。

今ではブリッコという言葉は、ほとんど聞かれなくなったな～。

代わりに使われてるのは、腹黒《はらぐろ》。

「あの娘、実は腹黒だよ～」なんてね。

腹黒ってのは、腹が黒い。腹＝心の中、本音、性格。見た目はかわいいけど、心の中は真っ黒。本音じゃ、いろいろたくらんでる。単純に言えば「性格、悪い」ってことっしょー。

アイドルってのは、実は、天然と腹黒に分けられると思う。天然じゃない娘は、多かれ少なかれ、腹黒だ！　って。

えええ——っと思ったかな？

けど、よーく考えてみよう。

自分を作らないで素のままで魅力的な天然と、心の中でいろいろたくらんで自分を魅力的なキャラに作り上げる腹黒。

どっちかじゃないか？

腹黒になれ！

アイドルは「好き」になってもらう仕事だって言ったよね。魅力的な女の子じゃなきゃ「好き」になってはもらえない。

素のままで魅力的な天然でないなら、そう、腹黒になるしかないじゃん！

アイドルは天然と腹黒に分けられる。いや、正確に言うと、腹黒にも二種類ある。バレてる腹黒と、バレてない腹黒だ。

天然じゃないアイドルで、腹黒に見えない娘は、きっとバレてない腹黒なんだ。長く、たくさんのアイドルを見て、取材してきたぼくは、そう確信している。

もし、天然じゃなくて、素の魅力がない女の子が、心の中で何もたくらまないで、つまり腹黒にもなれないで、ただボーッと普通にしていて、アイドルとしてブレークできるわけがない。絶対に。断言しておくよ。

きみは天然じゃない。きっと、そうだろう。だから、この本を読んでるんじゃないか。天然で、素のままで魅力があるなら、本なんか読まなくたっていい。アイドルになっているはず。

きみは、そうじゃない。天然じゃない。素のままじゃダメだ。努力しなきゃいけない。知識も必要だ。だから、この本を読んでいる。そうでしょ？　考えなきゃいけない。もっと、もっと。心の中で。たくらまなくては……。

だったら、もう答えは、はっきりしている。

ぼくは、きみに言いたい。

腹黒になれ！

そうだ。そうに決まっている。

アイドルとしてブレークするために絶対そうしなきゃいけない。なら、腹黒になるしかない！　だよね？

だから、きみは腹黒になれ‼

バレない腹黒に。

たぶん、きみはまだ気づいていない。アイドルになろうとして、自分を魅力的なキャラに作り上げようとしている段階で、実は、きみはもう腹黒への道を歩んでいる。ただ、意識していないだけだ。

だから、突然、ぼくに「腹黒になれ！」と言われて、えええ――って、びっくりしちやったんじゃないかな？

あ、あたしが……腹黒⁉　って。

たしかに「腹黒」という言葉は強烈だ。人聞きが悪い。だけど、こう言い換えたらどうかな？

天然＝素のままの自分じゃダメだ。

自分を魅力的なキャラに作り上げるために、もっと考えろ。意識的になれ！　って。

それが「腹黒になれ！」ってことなんだ。

腹黒とは何か？

実際、腹黒ってどういうことだろう？
腹黒になる――自分を魅力的に見せるためには、まず自分のことを知らなければならない。さらにはファンのこともよーく考えなきゃいけない。一人一人のファンを研究して、いかに自分をアピールするか？　グループアイドルならメンバーのことも考えなくちゃね。グループ内での力学、自分のポジション、ライバルは誰か？　キャラがかぶってる娘は？　そのなかでみんなを出し抜いて自分が目立つためには？　いっぱい、いっぱい、考えなくては。たくらまなくちゃ、いけない。

さらには運営や、事務所や、プロデューサーとの関係や、現在のアイドルのシーンがどうなっているか？　どうすれば、自分は輝けるか……徹底して考え抜かなきゃいけない。

その上で、自分がやるべきことを、きっぱりとやる。ためらわず、やる。誰に何を言われたってかまわない。

アイドルになりたい！

絶対に。ブレークしたい。

腹黒になることなんて、全然へーキってね。

いや〜、大変だ。

腹黒ってのは、繊細《せんさい》で、敏感で、リサーチ能力があって、想像力が豊かで、客観性に富み、判断力と決断力と行動力にすぐれ、演技力がばつぐんで、今、自分にとって何が一番大切かを常にわかってなくちゃいけない。

すごいよ、これは。

たしかにアイドルとしてブレークできるはず。なれったって、そう簡単には一流の腹黒にはなれないっしょー。つまり、こうしたことを意識しなさいって言いたいんだ。少なくとも。ぼくは、きみに。

なぜって？　それが、きみが夢をつかむためのとっても大切な手段、方法だからさ。

だから、アイドルになりたいきみに——今、もう一度、言おう。

さあ、腹黒になれ!!

善悪で考えるな

あのね、これは道徳の本じゃない。ぼくは学校の先生でもない。「アイドルになりたい！」ってきみの夢を実現するために、大切なこと、本当のことを、精いっぱい、この本で伝えているだけだ。

「腹黒になれ！」なんて、とんでもない。いけないことだ。悪いことだ。不道徳だ……な～んて怒り出す人がいるかもしれないね。

だけど、ぜひ、そういう人は考え方を変えてほしい。もし、本気で「アイドルになりたい！」って思ってるんだったら。

法律を犯すのはダメだ。それは犯罪だ。つかまっちゃう。でも、そうじゃなかったら、きみは何をやってもいい。夢を実現するために。いや、むしろ手段を選ぶべきじゃない。

こう考えてみたら、どうだろう。

悪いことは、単に悪いから、ダメなんじゃない。悪いことやって、バレたら、結果的にきみにとって損になる。善悪じゃなくて、損得で考えるべきなんだ、常にね。

たとえば女優さんが映画などでヌードになることを要求される。恥ずかしい。やりたくない……そう思うかもしれない。

けど、そうした感情でヌードを拒否するとしたら、女優失格だ。

ヌードになるかどうかは、女優として損か得かで決めるべきなんだ。恥ずかしいから、やりたくない、じゃあ女優なんてつとまらない。

この監督の、この映画の、この役だったら、ヌードになる。だって、それは得だから。でも、損になるんだったら、やらない。そんなふうにシビアに決めるべきだ。それがプロの女優なんだよ。

アイドルの場合、ヌードになるなんてことは、まずないだろう。でも、水着になったり、セクシーなグラビアの撮影があったりはする。若い女の子なら恥ずかしいと思うのは、当然だよね。

だけど、それは仕事だ。自分にとって得になる仕事なんだ。恥ずかしがってちゃいけない。そう意識を変えるべきなんだ。

できるよね、きみなら。

いいかい、絶対に忘れないように。

これからは善悪じゃなくて、損得で考えるべきだ。常にね。夢を実現するために。アイドルになるために。

きみに武器を与えよう

芸能界って、きびしい世界だ。競争相手も多い。アイドルとしてブレークするのは、大変だ。率直に言って、そこにいるのは、いい人ばかりじゃない。ずるい人や、悪い人だって、いっぱいいる。きみは、だまされたり、傷ついたりもするだろう。

でも、それで負けちゃいけない。もっともっと、タフにならなくちゃ。いい子ちゃんのままじゃ、ダメだ。消えてしまう。腹黒にでも何にでもなって、生き残らなくては。だまされるんだったら、だませ！　だます側にまわるぐらい、強くなるんだ。きみは。夢を実現するために、それは許される。ぼくは、そう思う。

この章では、かなり思いきったことを伝えている。ブレーキをかけないで、きみにメッセージしている。こんなことを教えてくれる人は、きっといないよ。でもね、ぼくは本気なんだ。本気できみに「アイドルになってほしい！」と思っている。

いわば、ぼくは武器をきみに手わたそうとしているんだ。考え方という武器を。その武器を使って戦うのは、きみ自身だ。誰もきみの代わりに戦ってはくれない。傷つくのも、夢を実現するのも、きみだ。きみなんだよ！　きみがすべてを決めるんだ。きみは、自分の人生の主人公なんだから。自分の身は、自分で守るんだ。そう、考え方という武器を使ってね。

アイドルになるためにもっとも大切なものは、何？

もう、わかってるよね。

気持ちだ。心がまえだ。根性だ。ガッツやスピリット、ハングリー精神だ。武器としての考え方だ。

それが、きみを運のいい女の子に変える。

もし、くじけそうになったら、気持ちが折れたり、落ち込んだりしたら……いいかい、ぜひ、またこの章を読んでほしい。何度も、何度も、読み返してほしい。

きっと、むらむらとパワーがわいてくるはず。

大丈夫だ。ぼくが想いをこめたんだから。
きみなら、できる！
絶対に。
ぼくは、そう信じている。

きみは絶対にアイドルになれる‼

第7章

アイドルの未来

ぼくのアイドル体験

ちょっと、ぼく自身の話を聞いてくれるかな？　どうして、ぼくがアイドルを好きになったかってことを。

ぼくは昭和30年代の半ばに三重県で生まれた。駅も信号もない海辺の小さな街だ。5歳上の兄貴がいてね、小学生の時、兄貴の部屋へと忍び込んだ。机の上のトランジスタラジオを手に取って、おそるおそるスイッチをひねった。

その瞬間だ。

不思議なメロディーが流れた。女の子の歌声が聴こえた。パっと目の前が明るくなった。まわりの景色が一変する。心地いい。なんだか体がふわふわして、心がウキウキとはずんだ。突然、踊り出したくなる。

南沙織《みなみさおり》の『17才』という曲だった。

それが、ぼくの最初のアイドル体験だ。

11歳だった。

中学になると、日曜日の朝はいつも『スター誕生！』を観ていたよ。同世代の森昌子《もりまさこ》や桜田淳子《さくらだじゅんこ》、山口百恵《やまぐちももえ》らが次々とアイドルになってゆくのを目撃した。すごいなあって。

兄貴は東京の大学へと進学した。中3の夏休みに、兄貴のアパートへ転がり込んだ。予備校の夏期講習へ行くって名目でね。でも、全然、予備校なんかには行かなかったよ。海パンを買って、後楽園のジャンボプールへと走った。新人アイドル・木之内《きのうち》みどりの新曲発表会がある！　そう知ったんだ。

プールサイドの特設ステージに、黄色いひらひらした衣裳《いしょう》を身にまとった木之内みどりが現れて、『あした悪魔になあれ』を唄った。

いや〜、まぶしかった！　きらきら輝いていた‼　こんな素晴らしいものがこの世に存在するのか⁉　って呆然《ぼうぜん》としたね。ホント、体がふるえたよ。

14歳にして、はじめて目にした生身のアイドルだった。

翌年、ぼくは上京する。東京の高校へと進学することにしたんだ。

なぜって？

そう、アイドルに会うために！

東京はアイドルの棲《す》む街だったから。

兄貴とアパートで二人暮らし。きびしい親の縛りはない。たちまち学校をサボるようになった。

テレビや雑誌でアイドルの情報をあさり、ライブへ行ったり、アイドルの映画をハシゴしたり、あげくに家出して、高校を中退するハメになった。

ずっとバイト暮らしをして、いつしか文章を書く仕事をするようになっていた。アイドル（中森明菜《なかもりあきな》）の名前をもじったペンネームでね。アイドルの魅力を伝える仕事をするようになっていたんだ。そうして30年以上が過ぎて、今に至る。

アイドルという存在がなかったら、ぼくの人生はまったく違ったものになっていただろう。

きっと、今、ここにこうしていない。こんなふうに、きみに語りかけてはいない。

アイドルと出会って、よかった。アイドルがいる時代に生きて、幸せだった。本当に。

心からそう思っている。そんな想いをこめて、ぼくはこの本を書いているんだ。

40億年のバトンリレー

人は何のために生まれてきたんだろう？

どうして生きるんだろう？

あのさ、きみにはパパとママがいるよね。

そのパパとママにも、それぞれパパとママがいるはずだ。

さらにまた、そのパパのパパとママ、ママのパパとママにもそれぞれ……って、ずっとずーっとさかのぼっていくとする。そしたら、ねえ、いったいどこまで行っちゃうの？

そう、一番最初の生命までたどり着くんだ。

地球上に一番最初の生命が誕生したのは、今から40億年も昔だと言われている。

その40億年のあいだ、ずっと生命が受け継がれて、今のきみがいる。たった一つの生命が欠けていても、きみはこの世に存在しない。

すごいね！　奇跡だよ、これは。

きみが、今、生きているってことは、それ自体で大変な奇跡なんだ。だって40億年の生命のバトンリレーの結果で、そのあいだ、誰一人バトンを落とさなかったんだから。

きみが今、15歳だとする。だけど、40億年のバトンリレーの結果だから、実は、きみの本当の年齢は40億15歳なんだよ！

すごいなあ。

人の一生は短い。長生きしたって、ほんの百年たらずだ。百年後、今、生きている人たちのほとんどは、もうこの世にはいない。そう、きみもぼくも、きっと死んでいる。

だけど……。

きみが子供を産むとする。やがて、その子供がまた子供を産む。さらに、その子供の子供がまたまた子供を産む……。そうやって、ずっとずーっと続いてゆくとしたら、どうだろう？

きみの命は子供にたくされて、ずっと未来まで生き延びることになる。そう、きみがはるか大昔から受け継いだ命を、今、生きているように。

ところで、ぼくには子供がいない。一度も結婚したことがない。ずっと独り身だ。もう50代も後半なので、これからそう長くは生きないだろう。おそらく、ぼくはたった一人で死んでゆく。

子供がいないので、ぼくが受け継いだ命は、その時、完全に途絶《とだ》えるんだ。

ぼくはいったい何のために生きてきたんだろう？

ぼくは消えるけど、自分が生きた証（あかし）を、この世に残したい。自分が死んだ後にも生きる人々に、どうにかしてぼくの声を、想いを、命を伝えたい。

それが、この本だ。

ぼくはアイドルという存在と出会って、幸福だった。ぼくの人生は変わった。きっと、それは運命だと思う。

ぼくはアイドルを信じている！

何の宗教も信じていないこのぼくが。

そうして、この本は、ぼくが死んだ後も、きっと読み続けられるだろう。

「アイドルになりたい！」と思っているきみや、きみたちや、さらに新しい世代、未来の子供たちによって。

アイドルというすばらしいものは、永遠に生き続ける。おそらく、人間がこの地球上に生きている限り。その時、ぼくの命は、アイドルと一緒に永遠に生きてゆくだろう。

そう信じている。

神様の代わり

人は何のために生きるのか？

ぼくらはどこから来て、どこへ行くのか？

そんなことを、きみに話した。

すると、こうも思う。

アイドルはどこからやって来て、どこへ行くんだろう？

「アイドルの歴史」の章では、ごくざっくりと日本のアイドルの歴史について話したね。

ここでは、もうちょっと大きな視点で語ってみたい。

アイドル（ｉｄｏｌ）とは、もともと外国の言葉だ。

辞書を引くと「偶像」って意味だという。

偶像？

たとえば教会へ行くと、十字架にかけられたキリストの像があるよね。そう、あれが偶像だ。

キリストは神の子と呼ばれた。つまり、偶像＝アイドルってのは、神様の代わりだったんだな。

大昔、お祭りの時に神殿で唄った人がいたはずだ。それが最初の歌手だった。つまり芸能のはじまりは、神様をまつるためのものだったんだね。

お祭りの日のことを思い浮かべてほしい。

みんなでオミコシをかついで、ワッショイワッショイと大騒ぎして街をねり歩き、神社へと向かう。

あれって、まるでアイドルのライブじゃないか！

オミコシがアイドルで、かつぎ手がファン、ワッショイワッショイはコールやＭＩＸってわけ。

世界中にいろんな神様がいて、お祭りがあって、さまざまな芸能が生まれた。そこから、偶像＝アイドルが現れたんだろう。

けれど、アイドルが日本に入ってくると、ずいぶんとその形は変わったように思う。

多神教＝グループアイドル

現在の日本のアイドルの特徴って何かな？

そう、グループアイドル全盛だね。女の子アイドルだけじゃない。ジャニーズ系の男子アイドルだって、エグザイル系だって、みーんなグループだ。

一人の突出したスターが脚光を浴び、あがめられる形とは違う。

これって、宗教の違いでは？　とも思うよ。

一神教というのがある。たった一人の神様を信仰する宗教のことだ。キリスト教やイスラム教やユダヤ教など。西欧世界の支配的な宗教なんだ。

対するのは、多神教。たくさんの神様がいる。森や、海や、草花や……自然にだって神々が宿る。日本は多神教の国だ。たくさんの神様、〝八百万《やおよろず》の神〟をめぐる物語が、日本の一番古いお話『古事記《こじき》』なんだ。

一神教はスーパースター、多神教はグループアイドル――そう考えてみたらどうか？

これが絶対！　という唯一の神を信じる西欧人から見れば、何でもあり！　の日本のグループアイドルは「ゆるいな～」と思われるかもしれない。日本のアイドルがアメリカやヨーロッパでブレークできないのは、宗教の違いに原因があるのかもしれないな。

だけど、どうだろう。

現在の世界では、宗教対立が深刻なものになっている。自分たちが信じる唯一の神をめぐって、戦争をしたり、テロが多発したりして、たくさんの人々が殺され、傷ついている。なんとも悲しいことだね。

多神教の国・日本は、とても治安《ちあん》がいい。夜遅く、一人で道を歩いていても、襲われないし、物を置いておいても、盗まれない。それにもう70年以上も戦争をしていない。平和で安全だ。

唯一の神をめぐって争ったりしない。みんながゆるやかに共存している。そういう国だからこそ、日本のアイドルはこれだけ発展したんだろう。

ぼくはそれを世界に誇るべきものだと思っている。

日本のアイドルがアメリカやヨーロッパでブレークして、いろいろな国でアイドル文化が受け入れられていったら――世界の平和に貢献できるんじゃないか？

本気でそう考えている。

ちょっと話が大きくなったかな。

もある。

「好き」と「愛する」の違い

信じるって、すごいことだ。とても大切なことだ。そうして、けっこう危険なことでもある。

新興宗教の信者が残忍な事件を起こしたりしたことがあった。信者＝信じる人々をだますサギ犯罪ってのもあるし、宗教をめぐるテロ事件なんてのも怖いよね。

ヘタに何かを信じるのは危ないよ。

とはいえ、人は何かを信じないでは生きられない。そうだろう？

家族を、友達を、学校の先生を、お医者さんを、法律を、銀行を、おまわりさんを、ぼくたちを信じている。そうじゃないと、生活できないもんね。

たとえば、ファーストフードのお店でハンバーガーを食べたりする。もし、ハンバーガーの中に毒が入っていたら……な〜んて疑ったら、もう何も食べられないよ。

人は、知らずといろんなものを信じている。

そこで、アイドルだ。

アイドルとは、いったい何をする仕事だったかな?

そう、「好き」になってもらう仕事だね。よくできました(わかってない人は、もう一度、この本の第1章をよ〜く読み返そう!)。

じゃあ、質問。

「好き」と「愛する」の違いは?

どうだろう。わかるかな?

はい、答え。

「愛する」とは「好きな人を信じる」ってことなんだ。

教会で結婚式をすると、新郎と新婦が神父さんの前で「永遠の愛」を誓ったりするじゃん。そう、あんな感じ。

ファンがアイドルを熱烈に好きになる、愛するってことは、そのアイドルを信じるってことなんだよ。じゃなきゃ、たくさんCDを買ったり、ライブへ行ったり、握手会の長い列に並んだり、なんてしないだろう。

信じる練習

かつて、ぼくはアイドルとは「見ず知らずの女の子を信じること」だと言った（あくまで男子ファンの女子アイドルに対する気持ちだけどさ）。

でね、若い子たちがアイドルのファンになるというのは、実は「信じる練習」をしているんだと思う。

そりゃ、裏切られた！　と思うこともあるだろう。傷つくよね。本気で信じていて、その気持ちが裏切られたりしたら。でも、それってあくまで「練習」なんだ。そう、「信じる」ための。社会へ出て「生きていく」ための。

舞台の上で、女の子たちが異様にきらきらした衣裳を着て、唄ったり、踊ったりしている。それを見上げる客席の人々が、大騒ぎして、盛り上がっている。

「アイドル」という文化を知らない人々が、そんな光景を見たら、どう思うだろう？

何これ、変！　まるでバカみたい⁉　と、あきれるかもしれないね。

でも、ぼくらは違うでしょ？　だって「アイドル」を知っているから。それがとてもステキなものだって信じているから。

二組に分かれた人々が、向かい合って一つのボールを蹴って、相手側の陣地へと向かう。それが「サッカー」だと誰もが知っている。決して変だとは思わない。「サッカー」がなくなるのでは？　なんて絶対に疑ったりしない。みんな信じている。

スポーツや文化やエンターテイメントは、そんな「信じる力」によって支えられている。

アイドルは、サッカーや野球や演劇や文学やなんかにくらべたら、はるかに歴史が浅い。ブームがすたれて、何度も冬の時代を迎えた。「信じる力」が失われたら、消えてしまうかもしれない。

けれど、「信じる力」を結集したら、爆発的なパワーを発揮する。

わかるよね？

「アイドルになりたい！」と本気で思っているきみ、アイドルは永遠だと強く信じているきみなら。

そう、アイドルとは「信じる力」によって飛ぶことができる鳥なんだよ！

アイドルだけが見る〝景色〟

さて、アイドルの未来はどうなるだろう？

２０１２年６月６日のことだった。

ぼくは日本武道館の客席にいた。

まばゆいライトに照らされて、ステージには一人の女の子が立っている。

大島優子《おおしまゆうこ》だった。

第４回ＡＫＢ48選抜総選挙の結果発表で、２年ぶりにトップの座を奪還《だっかん》した彼女は、こう言った。

「この景色が見たかったんです！」

ああ、と思った。

トップアイドルにしか見ることのできない〝景色〟がある。きっとある。

いや、トップまでたどり着けなかったとしても、そう、アイドルだけが目にすることのできる〝景色〟がある。

一度でもステージに立ったことがある女の子なら、知っているだろう。きっとそれが、どんなにすばらしいものかということを。

ぼくは、アイドルじゃない。だから、その〝景色〟を直接には見たことがない。

でも、よく知っている。

なぜって？

そう、アイドルの女の子たちの瞳に映る〝景色〟を、反射によって見ていたから。ずっとずっと間近で見続けてきたから。

その瞳の輝きを、ぼくは信じる。

きみはアイドルになる！

きみ自身が輝く存在になるんだ。

誰も見たことのない、すばらしい〝景色〟を見るんだ。
たった一度の人生で、きみにはそれができる。
きらきらしたものになるんだ。
アイドルの未来は、いったいどうなるんだろう？
ぼくは、よく知っている。
そう。

アイドルの未来は――きみの瞳の中にあるんだ!!

さいごに　きみへ

アイドルになりたい！

そう思っている、きみへ。

伝えなければならない大切なことは、すべてここに書いた。

だから、この本は、何度も読んでほしい。何度でも何度でも、読み返してください。

それだけの価値がある、と信じている。

この世に生まれて、生きて、ぼくは自分にとってもっとも美しいもの、魅力的なもの、大切なものと、出逢《であ》った。

それが、アイドルだ。

ぼくはアイドルを愛している。アイドルの魅力を伝える仕事をしている。ずっと続けている。

そんなぼくにとって、これはアイドルへの想いを全力でぶつけた本だ。

本は、作者が書いて、それで終わりじゃない。誰かが読んでくれて、はじめて「本」になる。いわば作者と読者の協同作業だ。

しかし、この本は、それでも終わらない。さらに、そこから先がある。
読んだ人が、アイドルになるんだ。
そう、きみが！
この本の読者の中から、未来のアイドルがたくさん生まれる。きっとそうなる。
ぼくは、そう信じている。
この本は、未来のアイドルへのファンレターなんだ。

さて、最後にきみに言わなければならないことがある。
とても大切なことが――。
今では、誰でもアイドルになれる。そんなふうに、ぼくは言ったよね。
アイドルになるのに許可はいらない。資格なんて必要ない。
誰でも、いつでも、どこでも、アイドルになれる。
だったら、どうだろう。

「私はアイドルだ！」と勝手に宣言したら、きみはもうアイドルなんだろうか？

それは違う。残念ながら。

アイドルには、きみ一人ではなれない。

アイドルとは、アイドルとファンの関係性、協同作業なんだ。本が、作者と読者の協同作業であるように。誰にも読まれない本は、本とは呼べない。アイドルも同じだ。

きみがアイドルになるには、誰かがきみをアイドルとして認めてくれなければならない。そう、たった一人でもいいから……。

ブレークしたアイドルは、無名の頃から、きまって誰か一人はその人を強く応援しているものだ。家族なのか、マネージャーなのか、プロデューサーなのかは、わからない。

この娘《こ》は絶対にアイドルとして輝く！　そう信じているんだ。そんな、たった一人の強い想いが伝わって、広がってゆく。

それがアイドルなんだ。

誰一人、アイドルとして認めていなければ、その人はアイドルではない。アイドルにはなれない。絶対に。
「わたしはアイドルだ！」って、どれだけ自分一人が大声で叫んだって、ダメだ。
何にもならない。
どうだろう？
きみをアイドルとして認めてくれる人が、いるかな？
きみのファンになってくれる人が、いる？
この世にたった一人でいいから。
本当に。
ああ、もし、いなかったら……。
どうしよう。
わかった。
大丈夫だよ。
ぼくが認めてやる。

ぼく、中森明夫《なかもりあきお》が、きみをアイドルとして認めてやる。たった一人の最初のファンになる。

だって、きみは、この本を読んでくれたから。こうして最後まで、ぼくの話を聞いてくれたから。その熱意を、意志を、本気の瞳を、信じる。

きみはアイドルになれる！

絶対に。

ぼくは信じる。

強く強く、そう信じる。

さあ、アイドルになりなさい。

きみは、この世界で、思いっきり輝いていいんだ‼

chikuma primer shinsho

ちくまプリマー新書275

アイドルになりたい！

二〇一七年四月十日　初版第一刷発行

著者　中森明夫（なかもり・あきお）

カバー・オビ装画　ぺろりん先生／鹿目凛　ベボガ！（虹のコンキスタドール黄組）

装幀　クラフト・エヴィング商會

発行者　山野浩一

発行所　株式会社筑摩書房
東京都台東区蔵前二－五－三　〒一一一－八七五五
振替〇〇一六〇－八－四一二三

印刷・製本　株式会社精興社

ISBN978-4-480-68972-6 C0295 Printed in Japan

©NAKAMORI AKIO 2017

乱丁・落丁本の場合は、左記宛にご送付ください。
送料小社負担でお取り替えいたします。
ご注文・お問い合わせも左記へお願いします。
〒三三一－八五〇七　さいたま市北区櫛引町二－六〇四
筑摩書房サービスセンター　電話〇四八－六五一－〇〇五三

本書をコピー、スキャニング等の方法により無許諾で複製することは、法令に規定された場合を除いて禁止されています。請負業者等の第三者によるデジタル化は一切認められていませんので、ご注意ください。